사랑하는 것은
사랑을 받느니보다 행복하나니라
오늘도 나는
에메랄드빛 하늘이 환히 내다뵈는
우체국 창문 앞에 와서 너에게 편지를 쓴다

사랑하였으므로 나는 행복하였네

한국인이 애송하는 사랑시
사랑하였으므로 나는 행복하였네

1판 1쇄 발행 2008년 12월 15일 **1판 9쇄 발행** 2017년 6월 11일

지은이 장석남, 김선우 **그린이** 클로이
펴낸이 김강유
편집 이승희
디자인 이경희

발행처 김영사
주소 경기도 파주시 문발로 197(문발동) 우편번호 10881
등록 1979년 5월 17일(제406-2003-036호)
주문 문의 전화 031)955-3100 **팩스** 031)955-3111
편집부 전화 02)3668-3292 **팩스** 02)745-4827 **전자우편** literature@gimmyoung.com
비채 카페 http://cafe.naver.com/vichebooks **인스타그램** @drviche **카카오톡** @비채책
트위터 @vichebook **페이스북** www.facebook.com/vichebook

ISBN 978-89-92036-73-3 03810 책값은 뒤표지에 있습니다.

비채는 김영사의 문학 브랜드입니다.

사랑하였으므로
나는 행복하였네

장석남·김선우 해설 | 클로이 그림

한국인이 애송하는 사랑시

비채

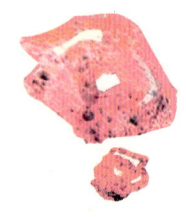

차례

서시 이성복 · 14
마음의 낮은 자리에 빗물처럼 고이는 사랑

사랑하는 까닭 한용운 · 18
'나의 죽음조차 사랑하는' 당신이기에

먼 후일 김소월 · 22
어제도 오늘도, 먼 훗날에도 잊지 못할 '임'

청파동을 기억하는가 최승자 · 26
우리가 꽃잎처럼 포개져 떠돌던 그곳… 너는 없다

너를 기다리는 동안 황지우 · 30
연인을 기다리는 이의 '마음 풍경'

사랑은 야채 같은 것 성미정 · 34
그대를 위해서라면 기꺼이 변하겠습니다

연꽃 만나고 가는 바람같이 서정주 · 38
'바람'이 빚어낸 만남과 이별의 변주곡

찔레꽃 송찬호 · 42
'타임캡슐'에 묻힌 옛사랑의 흔적

그대 있음에 김남조 · 46
사랑은 神에게의 질문, 탄식, 갈망

즐거운 편지 황동규 · 50
처음에 사랑이 있었다, 마지막에도 사랑이 있을 것이다

남편 문정희 · 54
세상에서 제일 가깝고 제일 먼 남자

새벽밥 김승희 · 58
그래도, 껴안을 수 있는 사랑이 있기에…

갈증이며 샘물인 정현종 · 62
사랑하는 너, 내 마음속의 시소

옥수수밭 옆에 당신을 묻고 도종환 · 66
다시 만나자, 당신은 흙이 되고 내가 바람이 되어

저녁에 김광섭 · 70
살아온 날들… 그 글썽임이 별빛으로 빛나

가난한 사랑 노래 신경림 · 74
가진 것 없어도 사랑하는 어여쁜 청춘이여

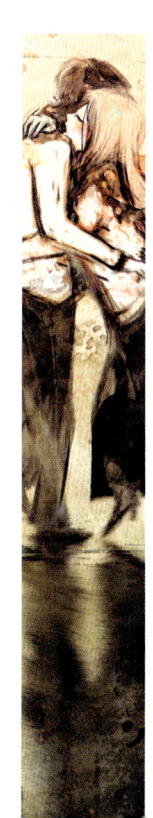

열애 신달자 · 78
상처처럼 온 당신… 그리움으로 욱신거린다

서울역 그 식당 함민복 · 82
그대 그림자가 지나간 땅마저 사랑합니다

사랑의 기교2 오규원 · 86
'사랑'은 멍청한 말… 그러나 가장 아름다운 기교

그리운 부석사 정호승 · 90
죽음도 불사한 '사랑의 의지'

한 박재삼 · 94
내 사랑은 서러운 노을빛, 감나무를 닮았네

민들레 신용목 · 98
사랑이 아니면 부서져 버리리라

질투는 나의 힘 기형도 · 102
유일하게 남은 희망이 '질투'라니!

원시 오세영 · 106
닿을 수 없는 까닭에 아름다운 사람아

한 그리움이 다른 그리움에게 정희성 · 110
70년대, 그 '가파른 시대'의 사랑

그대에게 가고 싶다 안도현 · 114
사랑이란 그대의 앞이 아닌 옆에 서는 것

세상의 등뼈 정끝별 · 118
너에게 한 공기 '밥'같은 존재가 되리

파문 권혁웅 · 122
오래된 라디오 같은… 그 사람의 목소리

사랑 사랑 내 사랑 오탁번 · 126
사랑에 빠졌을 때 우리는 '온몸이 눈동자'

찔레 이근배 · 130
어찌 잊으리, 첫사랑의 '달디단 전율'을

사랑의 역사 이병률 · 134
'상처'에 아픈 나, 그래도 심장은 또 뛰네

거미 김수영 · 138
다가올 설움을 알기에 더 악착같이 사랑하리

달이 떴다고 전화를 주시다니요 김용택 · 142
휘영청 밝은 저 달은 당신 얼굴

어느 사랑의 기록 남진우 · 146
더 발칙해져라 사랑에 관한 상상이여

바람 부는 날 김종해 · 150
사랑해서 괴롭다… 당신이 보고 싶다

서귀포 이홍섭 · 154
당신한테서 밀감 향기가…

마른 물고기처럼 나희덕 · 158
사랑은 속박하지 않는 것 네 영혼을 자유롭게 하는 것

서울에 사는 평강공주 박라연 · 162
"가끔 전기가 나가도 좋아… 당신과 함께라면"

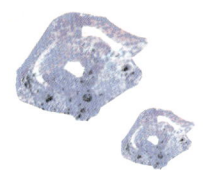

마치…처럼 김민정 · 166
지워지지 않는 사랑의 '얼룩'

나와 나타샤와 흰 당나귀 백석 · 170
추한 세상을 뒤로 하고 나타샤, 함께 산골로 가자

농담 이문재 · 174
아름다운 순간에 떠오르는 사람 있나요

사랑 박형준 · 178
실뱀이 호수를 건너듯 홍조가 드는 그녀의 맨발을 간질어 주고 싶다

고추씨 같은 귀울음소리 들리다 박성우 · 182
지금도 내 안에 남아 울고 있는 사람… 나를 울리는 사람…

백년 문태준 · 186
이별을 생각하면 사랑이 더 귀해진다

저녁의 연인들 황학주 · 190
사랑은 회색 지대… 반은 낮 반은 밤

혼자 가는 먼 집 허수경 · 194
당신을 부르는 것이 또 한 번의 상처임을

날랜 사랑 고재종 · 198
욕망의 늪 거스를 줄 알아야 진짜 사랑이다

제부도 이재무 · 202
그대와 나 사이에 '섬'이 있다

낙화, 첫사랑 김선우 · 206
내 속에서 추락하는 그대는 꽃이다, 바람이다

행복 유치환 · 210
누군가를 기다릴 수 있는 게 행복이란다

시의 출처 및 발표 연도 · 214

서시

이성복

간이식당에서 저녁을 사 먹었습니다
늦고 헐한 저녁이 옵니다
낯선 바람이 부는 거리는 미끄럽습니다
사랑하는 사람이여, 당신이 맞은편 골목에서
문득 나를 알아볼 때까지
나는 정처 없습니다
당신이 문득 나를 알아볼 때까지
나는 정처 없습니다
사방에서 새 소리 번쩍이며 흘러내리고
어두워 가며 몸 뒤트는 풀밭,
당신을 부르는 내 목소리
키 큰 미루나무 사이로 잎잎이 춤춥니다

마음의 낮은 자리에 빗물처럼 고이는 사랑

저녁은 낮은 자리부터 온다. 어스름 녘 홀로 거리를 걸어보라. 시골버스를 타고 들녘을 지나쳐보라. 특별한 까닭이 없어도 울고 싶은, 그러나 드러내 울 수는 없는 저녁의 얼굴이 세상의 낮은 자리를 메워 오는 것을 목격할 것이다. 사랑 또한 그렇다. 마음의 가장 낮은 자리에 어스름처럼, 빗물처럼 고이는 그것!

'사랑은 침묵이다. 단지 시만이 그것을 말하게 한다'고 노발리스는 말했다던가. 그리움이란 그래서 인간이 가진 숙명 중 가장 아름다운 것인지 모른다.

이성복(56)의 이 시에서 나는 그리움의 길목들을 바라본다. 휑하니 비어 있는 길이 보이지 않는가. 사랑이 가득한 이 사람, 그럼에도 밥을 조르는 육체 앞에 한없이 무기력한 이 사람. 그가 '죽고 싶어도 짓궂은 배가 고프다'(《다시 정든 유곽에서》)고 노래했을 때 우리는 얼마나 놀라워했던가. 거리가 미끄러운 것은 이 사람이 지금 사랑으로 가득한 사람이기 때문이다. 사랑은 빙판과 같다. 자꾸만 미끄러워 앞으로 나아가지 않으며 자칫 꺼져버릴 위험의 한복판이다. 하여 이 사람은 '건너편 골목'에서 사랑하는 사람이 나의 이름을 불러주기 전까지 '정처없을' 수밖에 없다. 이 정처없음이란 김춘수 시인이 '누가 나의 이름을 불러주기 전에는 다만 나는 하나의 몸짓에 지나지 않았다'(〈꽃〉)고 노래했을 때의 그 '몸짓'이다.

　날은 점점 어두워 오는데 당신은 나를 부르지 않는다! '맞은편 골목' 길을 하염없이 바라보는 자의 눈동자만이 어둡게, 어둡게 젖어들 뿐이다. 마치 그 골목과도 같이. 사랑이란 그런 것이다. 나에게도 몸과 마음에 붕대를 친친 동이고 입원해 있었던 스물 몇 살이 있었다. 저녁이면 찾아오던 한 여자가 있었다. 병실 복도의 유리창으로 저녁 빛이 스밀 때 그 청춘은 무슨 말을 나누었는지 기억에 없다. 다만 얼굴에 어린 저녁의 빛만이 지금도 통증처럼 남아 있다.

　이성복 시인은 우리 '모두 병들었으나 아무도 아프지 않았던' 70~80년대를 가장 개성적이고 가장 아름답게 빚어낸 시인이다. 우리 시문학사에서 그는 하나의 항성恒星이 되었다. 그에게 빚이 없는 젊은 시인은 많지 않을 것이다. 아름다움을 그리워하지 않는 것도 '죄'라고 읊었던 그의 은자隱者와도 같은 삶의 태도 또한 우리에게 말없는 긴 그림자를 드리워주고 있다.

장석남

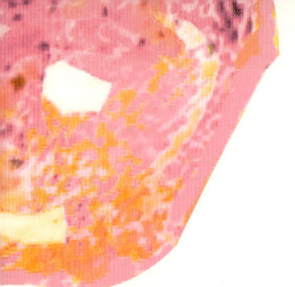

사랑하는 까닭

한용운

내가 당신을 사랑하는 것은 까닭이 없는 것이 아닙니다.
다른 사람들은 나의 홍안만을 사랑하지마는, 당신은 나의 백발도 사랑하는 까닭입니다.
내가 당신을 기루어 하는 것은 까닭이 없는 것이 아닙니다.
다른 사람들은 나의 미소만을 사랑하지마는, 당신은 나의 눈물도 사랑하는 까닭입니다.
내가 당신을 기다리는 것은 까닭이 없는 것이 아닙니다.
다른 사람들은 나의 건강만을 사랑하지마는, 당신은 나의 죽음도 사랑하는 까닭입니다.

'나의 죽음조차 사랑하는' 당신이기에

어느 날 문득 연인이 "왜 나를 사랑하느냐?"고 물어오면 뭐라 말할 수 있을까. 누추한 도시 가로수에 번개처럼 꽂힌 단풍을 세듯 사랑을 셈해본다. 세월아, 이젠 사랑에 까닭 같은 건 없어도 좋으련만, 만해 한용운(1879~1944)은 사십 중후반에 사랑의 까닭을 노래한다. 너 벌써 늙었냐고 나를 타박한다. 제목을 붙여놓고 사랑의 이기성과 맹목을 솔직하게 이야기한다. 그렇다. 아무리 내 사랑이 크다 해도 상대가 내 사랑을 원하지 않으면 아무 소용이 없다. 그러니 당신의 죽음까지도 사랑한다고 말하는 것보다, 당신이 내 '백발'과 '죽음'까지도 사랑하므로 당신을 미치도록 사랑한다고 말하는 편이 차라리 정직하다. 사랑은 만능이 아니지만 모든 처음과 끝이 일어나고 번지는, 인간의 붉고도 영원한 샘 아니던가.

독립운동가이자 수도승이었고 사상가였던 만해 한용운은 뛰어난 사랑의 시인이기도 했다. 1926년 나온 그의 시집 《님의 침묵》은 지금 다시 읽어도 아름다운 연애시집이다. 지금 사랑의 열병을 앓는 이라면, '님은 갔습니다. 아아 사랑하는 나의 님은 갔습니다.'(《님의 침묵》)라며 님의 떠남을 슬퍼한 시도, '만일 당신이 아니 오시면 나는 바람을 쐬고 눈비를 맞으며 밤에서 낮까지 당신을 기다리고 있습니다.'(《나룻배와 행인》)라며 사랑의 완성을 갈망한 시도 모두 예사롭지 않은 감흥으로 다가올 것이다.

설악의 품속에서 만해가 홀연 '님(당신)'을 전면에 세운 시편들을 쓰기 시작했을 때, 만해의 곁에도 실은 사랑이 있었다. 그가 온몸으로 껴안고 살던 아픈 조국과 부처는 물론이려니와 사랑하지만 가까이할 수 없는 여인이 있었다. 서여연화라고 했다. 너무 멀지도 가깝지도 않은 자리에서 그녀가 그를 간절히 지켰고, 그의 노래를 받았다.

만해는 자신의 이력과 어울리지 않아 보이는 절정의 연애시로 독립지사와 승려에게 요구되는 세상의 고정

관념을 부드럽고도 강력하게 전복시킨다. 선언서로도 경전의 글귀로도 이룰 수 없었던 사랑의 혁명. 아니, 혁명인 사랑을. 혁명인 사랑은 통째다. '나의 죽음도 사랑하는' 당신이기에 나는 당신을 통째로 사랑하지 않을 수 없다. 사랑하지 않으면 당신은 죽을 것이다. 나는 당신을 사랑한다. 통째로! 통째인 사랑은 그렇게 서로를 사랑의 주체로 세운다.

가을 들판에 핀 꽃들은 다 어디로 가는가. 사랑은 다 어디로 가는가. 《님의 침묵》 서문 격인 〈군말〉에서 쓰는 바, '님만 님이 아니라, 기룬 것은 다 님'인 세계가 비로소 화엄의 뜰에 연화장처럼 펼쳐진다. '기룹다'는 말은 얼마나 어여쁜가. 그리움, 기특함, 안쓰러움, 기다림, 사랑… 이 모든 말들이 '기룹다'에 스며 있다. 그러니 생각건대, "나는 해 저문 벌판에서 돌아가는 길을 잃고 헤매는 어린 양이 기루어서 이 시를 쓴다"고 말하는 이는 만해인가 만해가 사랑한 님인가.

김선우

먼 後日

김소월

먼 훗날 당신이 찾으시면
그때에 내 말이 "잊었노라"

당신이 속으로 나무라면
"무척 그리다가 잊었노라"

그래도 당신이 나무라면
"믿기지 않아서 잊었노라"

오늘도 어제도 아니 잊고
먼 훗날 그때에 "잊었노라"

어제도 오늘도, 먼 훗날에도 잊지 못할 '임'

'산산이 부서진 이름이어!/ 허공중에 헤어진 이름이어!/ 불러도 주인 없는 이름이어! / 부르다가 내가 죽을 이름이어!// 심중에 남아 있는 말 한 마디는/ 끝끝내 마저하지 못하였구나./ 사랑하는 그 사람이어!/ 사랑하는 그 사람이어!' 《초혼》

　소월(본명 김정식:1902~1934)의 시에서 사랑의 상실은 이처럼 가차없이 절절하다. 그의 사랑에 대한 갈구는 황진이의 '동짓달 기나긴 밤을 한 허리를 버혀내어…' 이후 이별과 그리움이라고 하는 정한情恨의 정서를 우리 말의 가장 아름다운 분화구로 터트렸다고 할 만하다. 그래서 그의 시는 시대를 막론하여 읽는 사람을 그 뜨겁고 눈물겨운, 그리고도 리드미컬한 언어의 호수 속으로 빠뜨린다. 흥겨운 듯 눈물겨우니 이를 어쩌노!
　그의 사랑의 깊이와 그에 응하는 말의 질서는 음악으로도 적절하여 우리 시중 가장 많은 노래로 만들어져 불리고 있다. 소월의 대표작 〈산유화〉만 해도 남인수의 가요로, 조수미의 가곡으로 애창되었다.

　〈먼 後日〉은 소월의 생전 유일한 시집 《진달래꽃》의 맨 앞을 장식하는 것으로 보아 소월 자신도 대표작으로 생각한 듯하다. '못 잊겠지만 그런대로 한 세상 지내시라며 떠나간 임'(〈못잊어〉), '심중의 말 한마디 건네지 못한', 그래서 '산산이 부서진, 허공중에 흩어진 이름', 현재(오늘)도 과거(어제)도 아닌 먼 미래(후일)에도 잊을 수 없다고, 잊으면 안 된다고 스스로 다짐하는 그 '임'이다. 과연 우리는 그러한 임을 가질 수 있을까? 단순히 세속적 사랑의 대상을 이미 '저만치'(《산유화》) 초월한 자리의 임을!

　소월은 서른 셋이라는 황금의 나이에 생아편을 먹고 생을 마감했다. 그러나 그 자결은, '못잊어 생각이 나겠지요,/ 그런대로 한세상 지내시구려,/ 사노라면 잊힐날 있으리다.'(《못잊어》)라거나, '그립다/ 말을 할까/ 하니 그리워// 그냥 갈까/ 그래도/ 다시 더 한번'(《가는 길》)이라고 한 그의 '임'을 생각해 보면 차라리 '순교'가 아니었을까 싶다.

　그렇게 세상을 뜬 소월에겐 김정호金正鎬라는 셋째 아들이 있었는데, 6·25때 인민군으로 참전했다가 반공포로로 석방되어 이남에 살게 되었다고 한다. 간혹 서정주 시인의 집을 출입했다고 하는데 미당의 회고에 의하면 기차에서 수레를 밀고 다니는 장사가 되었다가 그것도 아내의 병간호 때문에 못 하게 됐고, 나중에는 국회 의사당의 수위로 살았다 한다. 최고의 '국민 시인'의 아들의 삶 치고는 서글픈 사연이다.

장석남

청파동을 기억하는가

최승자

겨울 동안 너는 다정했었다.
눈(雪)의 흰 손이 우리의 잠을 어루만지고
우리가 꽃잎처럼 포개져
따뜻한 땅속을 떠돌 동안엔

봄이 오고 너는 갔다.
라일락꽃이 귀신처럼 피어나고
먼 곳에서도 너는 웃지 않았다.
자주 너의 눈빛이 셀로판지 구겨지는 소리를 냈고
너의 목소리가 쇠꼬챙이처럼 나를 찔렀고
그래, 나는 소리 없이 오래 찔렸다.

찔린 몸으로 지렁이처럼 기어서라도,
가고 싶다 네가 있는 곳으로,
너의 따뜻한 불빛 안으로 숨어들어가
다시 한 번 최후로 찔리면서

한없이 오래 죽고 싶다.

그리고 지금, 주인 없는 해진 신발마냥
내가 빈 벌판을 헤맬 때
청파동을 기억하는가

우리가 꽃잎처럼 포개져
눈 덮인 꿈속을 떠돌던
몇 세기 전의 겨울을,

우리가 꽃잎처럼 포개져 떠돌던 그곳… 너는 없다

청파동엔 숙명여대가 있다. 소나무 숲이 넓은 효창공원은 달밤이 좋았다. 분식집을 지나 강의를 하러 언덕배기를 오르는 시인들이 자주 보였다. 그 애와 내가 밥 삼아 먹던 오래된 와플하우스 주위로 감귤처럼 까르륵 굴러 내리던 추억들이 눈에 선하다. 가보면 모두 와 있는데 너만 없다.

청파동을 기억하는가. 잠든 연인들의 지붕에 하얀 눈이 쌓이고 '우리가 꽃잎처럼 포개져' 자던 청파동엔 봄이 와도 봄이 아니며 가을이 와도 가을이 아닌 가을뿐이다. 너 없는 벌판에 왔다 가는 여름이 나와 무슨 상관이랴. 쓸쓸하고 추운 삶을 겸허하게 껴안으며 한 이불을 덮고 서로 다리를 포개던 청파동. 기억해야 한다는 의무감을 넘어 절대로 잊고 싶지 않은 시절, 그 청파동을 기억할 수 있는가.

'세월만 가라, 가라, 그랬죠./ 그런데 세월이 내게로 왔습디다./ 내 문간에 낙엽 한 잎 떨어뜨립디다.// 가을입디다.// 그리고 일진광풍처럼 몰아칩디다./ 오래 사모했던 그대 이름/ 오늘 내 문간에 기어이 휘몰아칩디다.' 《가을》

최승자의 시가 노래했듯이, 세월이 가도 한번 온 것은 언젠가 다시 오는가. 내 기억 속의 그대 라일락꽃으로 오려는가. 어디만큼 다시 쇠꼬챙이로 오긴 오는가. 다시 네게 가 최후로 찔리면서 오래 오래 죽고 싶은데, 한 떨기 꽃이 쪼그라든 낙엽으로 오기도 하고 봄바람이 미친 바람으로도 오는 것이 보인다. 가혹한 사랑의 백만 가지 얼굴들!

'그대가 아무리 나를 사랑한다 해도/ 혹은 내가 아무리 그대를 사랑한다 해도/ 나는 오늘의 닭고기를 씹어야 하고/ 나는 오늘의 눈물을 삼켜야 한다./ 그러므로 이젠 비유로써 말하지 말자./ 모든 것은 콘크리트처럼 구체적이고/ 모든 것은 콘크리트 벽이다.'《그리하여 어느 날, 사랑이여》

최승자의 시는 세상을 사랑하려는 자의 치열한 난중일기다. 그래서 그의 시는 격렬하고 숨가쁘다. 싸움터의 후미가 아니라 맨 앞에서 창상으로 거덜나며 세상을 뚫고 가려는 안간힘이다. 최승자의 시집 《이 시대의 사랑》(1981년)과 《즐거운 일기》(1984년) 없이 1980년대의 우리 문학을 말할 수 없다. 우리는 그의 시어가 보여주는 순도 높은 비극의 진정성에 홀렸다. 맨몸, 오직 혼신의 맨몸으로 세상의 비극을 향해 날아가 꽂히는 샤먼의 시가 우리를 뿌리부터 적셨으므로. 표창처럼 날리는 그의 시어에 기꺼이 찔린 우리의 상처는 고통스럽고도 환했다. 고통을 통과해 마침내 시원해지는 환부!

지금 그 최승자 시인이 아프다. 병상의 그를 생각하면 언제나 한쪽 마음이 절룩거린다. 사랑 없는 시대에 사랑을 얻으며 사는 일의 귀함을 온몸으로 외치며 그는 우리를 대신해 아픈 것인지 모른다. 그러니 독자여, 마음 모아 그의 쾌유를 빌어주시라. 사랑의 에너지를 믿는 그 마음으로.

김선우

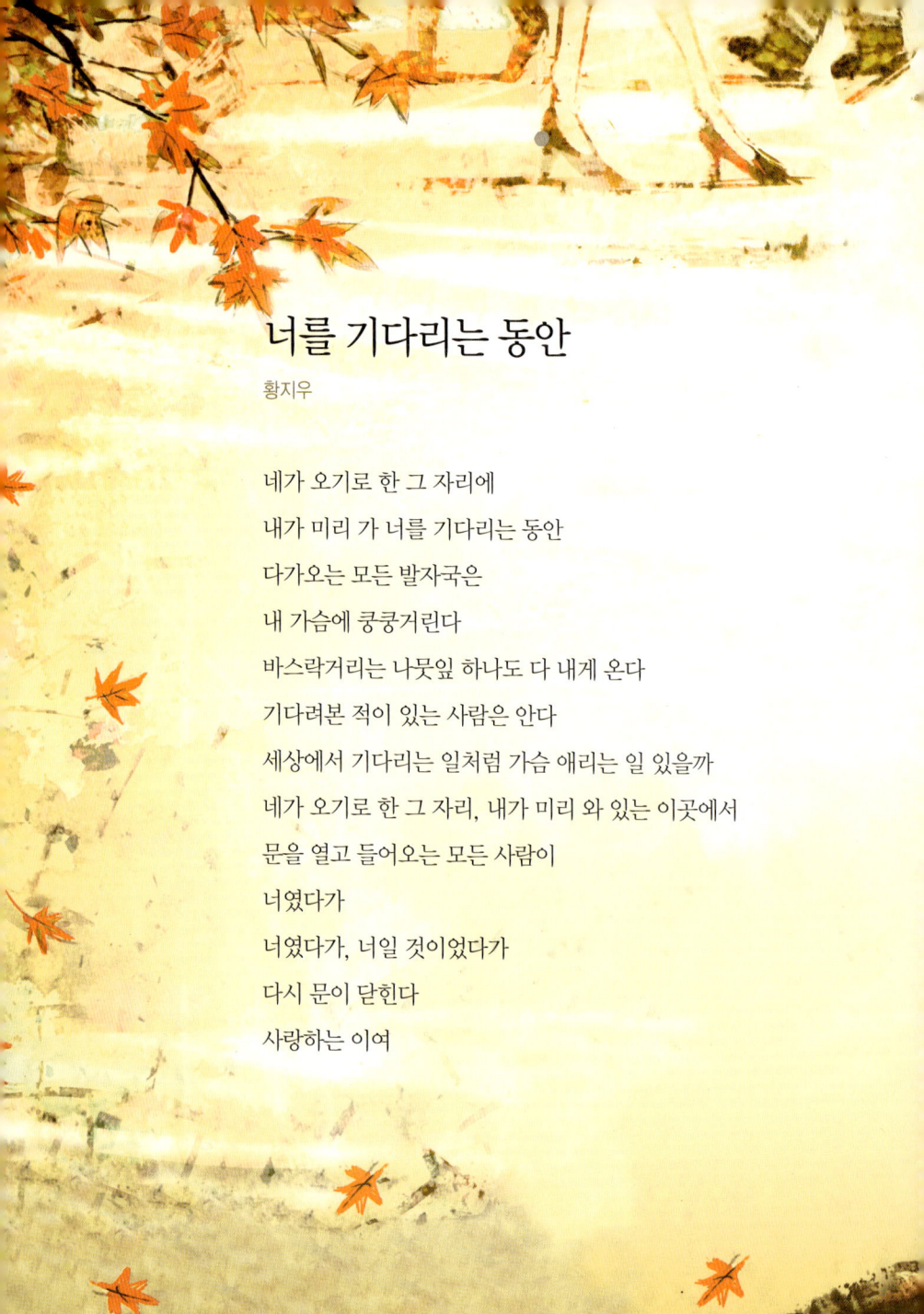

너를 기다리는 동안

황지우

네가 오기로 한 그 자리에
내가 미리 가 너를 기다리는 동안
다가오는 모든 발자국은
내 가슴에 쿵쿵거린다
바스락거리는 나뭇잎 하나도 다 내게 온다
기다려본 적이 있는 사람은 안다
세상에서 기다리는 일처럼 가슴 애리는 일 있을까
네가 오기로 한 그 자리, 내가 미리 와 있는 이곳에서
문을 열고 들어오는 모든 사람이
너였다가
너였다가, 너일 것이었다가
다시 문이 닫힌다
사랑하는 이여

오지 않는 너를 기다리며
마침내 나는 너에게 간다
아주 먼 데서 나는 너에게 가고
아주 오랜 세월을 다하여 너는 지금 오고 있다
아주 먼 데서 지금도 천천히 오고 있는 너를…
너를 기다리는 동안 나도 가고 있다
남들이 열고 들어오는 문을 통해
내 가슴에 쿵쿵거리는 모든 발자국 따라
너를 기다리는 동안 나는 너에게 가고 있다.

연인을 기다리는 이의 '마음 풍경'

　기다리는 일이란 대체로 진을 빼는 일이다. 어찌 보면 그것은 고급한 형벌같다. 그래선지 세상의 모든 경전은 참고 기다리라고 가르친다. 우리같이 여염한 인간이 경전을 싫어하는 것은 바로 그런 가르침 때문이다. 어떻게 그 형벌을 이겨내는고. 고진감래苦盡甘來라는 말, 참으로 쓰디쓴 말이다.

　이 시는 기다림이란 형벌 받는 자의 내면의 눈금이다. 심전도 검사 때의 그 그래프 같지 않은가. '문을 열고 들어오는 모든 사람이/ 너였다가/ 너였다가,/ 너일 것이었다가/ 다시 문이 닫힐' 때까지의 눈금의 급격한 상승, 그 클라이맥스에서 삼세번 아슬아슬하게, 불안하게, 순간적으로 '너' 라며 이어지다가 급격히 눈금은 추락한다. 사랑을 앓는 자의 혈압. 그것을 추동하는 약속 시간과 맥박의 전개가 이 시의 매혹이자 기존의 '연애시' 와 다른 '모던' 함이다. '아주 먼 데' 있는 사랑하는 이를 이렇게 기다리는 일을 우리는 고통이라고 부른다. 그러므로 이 시는 사랑의 시이면서 동시에 고통의 초상화다.

　황지우(56)의 본명은 황재우다. 오타誤打가 나는 바람에 본명보다 훨씬 빼어난 (?) 필명이 되었다. 어쩌면 그의 시업은 당대를 향해서 끊임없이 오타를 날리는 일이었는지 모른다. 그의 오타의 문법은 공공의 통증을 유발하는 일종의 타격打

作과 같은 것이었다. "내 마음의 마각馬脚이/ 뚜벅뚜벅 너의 가슴을/ 짓밟고 갔구나./ 사랑해!/ 라고 말하면서/ 나는 너를 다 갉아먹어 버렸어./ 내심內心의 뼈만 남은 앙상한 과실果實/ 묘판苗板에다가 너의 생을 다시 이장移葬하련다. 사랑해!" (《나는 너다·333》) 사랑은 때로 마각과 같은 것이다. 나의 사랑도 너에게, 너의 사랑도 나에게 솜사탕이 아닌 마각이라고 제시할 때 우리는 비로소 관성이 아닌, '사랑해!'라는 말의 새로운 의미를 얻는다.

어느 날 텔레비전 드라마에서 이런 대사를 외우고 다니는 주인공을 보았다. 그는 시인이었다. "여보, 지금 노량진 수산시장에 가서/ 죽어가는 게의 꿈벅거리는 눈을 보고 올래?"(《나는 너다·109》) 그것이 황지우의 시였음을 안 것은 나중의 일이었다. 저게 무슨 말일까? 시를 공부하는 나도 의미가 떠오르지 않아 속으로 민망한 와중이었으나 이런 것이 왔다. '죽어가는 게의 꿈벅거리는 눈!' 그것은 무엇인가. 하물며 그것을 혼자는 볼 수 없어 '여보'를 찾다니. 그 가없는 여림은 사랑이 마각임을 아는 자의 여림이 아닌가.

장석남

사랑은 야채 같은 것

성미정

그녀는 그렇게 생각했다
씨앗을 품고 공들여 보살피면
언젠가 싹이 돋는 사랑은 야채 같은 것

그래서 그녀는 그도 야채를 먹길 원했다
식탁 가득 야채를 차렸다
그러나 그는 언제나 오이만 먹었다

그래 사랑은 야채 중에서도 오이 같은 것
그녀는 그렇게 생각했다

그는 야채뿐인 식탁에 불만을 가졌다
그녀는 할 수 없이 고기를 올렸다

그래 사랑은 오이 같기도 고기 같기도 한 것
그녀는 그렇게 생각했다

그녀의 식탁엔 점점 많은 종류의 음식이 올라왔고
그는 그 모든 걸 맛있게 먹었다

결국 그녀는 그렇게 생각했다
그래 사랑은 그가 먹는 모든 것

그대를 위해서라면 기꺼이 변하겠습니다

사랑도 변한다. 어떻게 그럴 수 있냐고? 사랑이니까 변한다. 사랑은 살아있는 사람들이 나누는 가장 극진한 세상과의 교신 부호. 그러므로 변하는 게 당연하다. 살아있는 거니까. 죽은 자들의 사랑은 돌로 만든 경전 속에 영원할 수도 있지만, 살아있는 우리는 날마다 몸이 변하듯 천변만화하는 감정의 결들과 복닥거리며 살아야 하니까. 변하지 않는다면 그것은 사랑이 아닌, 예컨대 집착이랄지 강박이랄지 하는 이름의 그 무엇이지 않을까. 따뜻하고 유쾌한 사랑학이 펼쳐지는 성미정의 시를 보라.

식탁을 차리는 여자는 영리하다. 고정불변의 사랑 같은 것에 붙잡히지 않는다. 여자는 자신의 마음이 속이는 사랑의 방언에 솔직하게 귀 기울인다. 사랑하는 이에 대한 배려와 포용으로 기꺼이 스스로를 변화시킨다. 이것은 사랑만이 행할 수 있는 마법, 사랑의 열병을 앓는 사람들이 도달하는 따뜻한 긍정의 세계다. 성미정이 이 시를 쓴 것은 결혼 초기였다. 그때 시인은 식재료를 까다롭게 엄선하는 채식 위주의 여자였고 남편은 아무거나 안 가리고 먹는 남자였다. 음식에 대한 이런 상반된 태도가 사랑, 혹은 사람을 대하는 방식과도 연결된다는 생각이 이 시의 창작 동기라고 한다.

　성미정(41)의 시가 보여주는 긍정은 무턱대고 사랑을 찬미하는 자의 것이 아닙니다. 생활 속에서 부단히 질문하고 전복하며 도달한 긍정이다. 그는 이 뒷면을 행간에 슬쩍 눙쳐 둔다. 고통을 말할 때에도 삐삐롱스타킹 같거나 이상한 나라의 앨리스 같다. 그래서 그의 시편들은 블랙 유머의 기묘한 비애가 얼룩질 때에도 따스하고 다감하다. 이런, 불편한 동거의 유쾌!

　반복되는 일상의 무덤덤함 속에 잠복한 불안을 주부 성모씨의 배포 좋은 능청으로 풀어놓는 〈여보, 띠포리가 떨어지면 전 무슨 재미로 살죠〉 같은 시나 '사바세계의 사람들은 고통어 자반을 즐긴다'(〈고통어 자반〉)며 고등어자반을 고통어 자반으로 바꿔치기 하는 감각은 일상 속에서 시를 건지는 시인의 낚시법을 유감없이 보여준다. 성미정의 시를 읽다 보면 그가 정말 자신의 일상을 사랑하고 있는 시인이라는 생각이 든다. '처음엔 당신의 착한 구두를 사랑했습니다/ 그러다 그 안에 숨겨진 발도 사랑하게 되었습니다'(〈처음엔 당신의 착한 구두를 사랑했습니다〉)처럼 유쾌하고 고맙게 긍정되는 당신! 어서 와서 성미정이 차린 삶의 개그를 맛보시라. 관념이 아닌 싱싱한 삶의 개그가 사랑스럽게 반짝거린다.

김선우 ✻

蓮꽃 만나고 가는 바람같이

서정주

섭섭하게,
그러나
아조 섭섭치는 말고
좀 섭섭한듯만 하게,

이별이게,
그러나
아주 영 이별은 말고
어디 내생에서라도
다시 만나기로하는 이별이게,

蓮꽃
만나러 가는
바람 아니라
만나고 가는 바람 같이…

엊그제
만나고 가는
바람 아니라
한두 철 전
만나고 가는 바람 같이…

'바람'이 빚어낸 만남과 이별의 변주곡

　바람이 선선하다. 이마에 이 바람이 와 닿는 날들이 되면 별은 초롱히 가깝고 눈빛은 젖는다. 더불어 모든 사물들의 그림자가 길어진다. 일 년을 살아낸 보람은 무엇이었나, 이렇게 묻는 것만 같은 서늘함이다. 무엇을 거쳐 온 바람이기에 우리를 자꾸만 사색의 국면으로 이끄는 것일까.

　가을이면 이별의 모습이 유난하다. 여름 철새들도 돌아가고 봉숭아도 분꽃도 또 청춘과도 이별해야 한다. 무성하던 숲도 들판도 해변도 다 휑하니 빈다. 사랑하는 늙으신 부모님은 한차례 더 늙는다. 그것들은 우리에게 이별을, 인생이 겪는 가장 큰 아픔을 암시한다. 하여 가을엔 그 소슬한 바람 속으로 입산(入山)하는 사람도 많다 한다.

　미당 서정주(1915~2000)는 '나를 키운 건 8할이 바람'《자화상》이라고 당시 식민지 청년으로서의 방황과 고아의식을 절묘하게 계량화하였다. 이후 그 명구절은 모든 청춘들의 동의를 얻었다. 하여 우리를 키운 것은 8할이 바람이며 이후도 마찬가지일 것이다. 그 바람의 변주가 위의 〈연꽃 만나고 가는 바람〉이다. 키운 것도 바람이요, 영원으로 이끄는 것도 바로 그 바람인 셈.

만남과 이별은 이승에서의 가장 큰 주제다. 그중 이별을 어떻게 처리해야 할 것인가. 모든 사랑하는 것들과의 이별을 어떻게 마음에서 삭혀낼 것인가. '연꽃 만나러 가는 바람'과 '연꽃 만나고 가는 바람' 사이에 우리네 전 인생이 들어 있다고 이 시는 제시한다. '연꽃', 오 그것, 만나러 가는 바람의 설렘과 기대와 꿈으로부터, 만나고 가는 바람의 섭섭함과 괴로움과 아쉬움들, 그중 우리에게 더 소중한 것은 뒤의 그 슬픔 쪽의 것이라는 제시는 영원을 생각하는 자세를 촉구한다. 바람은 육안으로는 볼 수 없는 것, 그러나 그 한가운데 연꽃이라는 컬러풀한 상징 사물을 배치함으로써 범연한 우리들의 눈앞에 명징하게 드러내 준다. 비유의 계단만으로 된 위의 시는 그래서 무한천공 가을 하늘 같은 여백을, 여운을 남긴다.

바람에게 들었던 극비 에피소드 하나. 미당은 한 여성을 몰래 사모하였다고 한다(미당은 사랑의 감정에서 일생 헤어나지 못하며 살았다 고백하고 있다). 어느 날 시내 모처에서 둘이 만나기로 했는데, 여자가 마침 오고 있는 미당을 보니 흰 고무신 바닥에 지푸라기를 잔뜩 묻히고 어기적 어기적 오고 있었다는 것이다. 그 지푸라기가 무엇인지 단박에 알아차린 이 여성은 급히 달아날 수밖에. 마구 뒤쫓아 따라오며 외친 미당의 말씀, "저기 저 나비처럼 달아나는 저 여자 좀 붙잡아 주소…" 역시 그 상황에서도 시인은 시인이었다는 것! 하하하하하….

장석남

찔레꽃

송찬호

그해 봄 결혼식날 아침 네가 집을 떠나면서 나보고 찔레나무숲에 가 보라 하였다

나는 거울 앞에 앉아 한쪽 눈썹을 밀면서 그 눈썹 자리에 초승달이 돋을 때쯤이면 너를 잊을 수 있겠다 장담하였던 것인데,

읍내 예식장이 떠들썩했겠다 신부도 기쁜 눈물 흘렸겠다 나는 기어이 찔레나무숲으로 달려가 덤불 아래 엎어놓은 하얀 사기 사발 속 너의 편지를 읽긴 읽었던 것인데 차마 다 읽지는 못하였다

세월은 흘렀다 타관을 떠돌기 어언 이십 수년 삶이 그렇데 징소리 한 번에 화들짝 놀라 엉겁결에 무대에 뛰어오르는 거 어쩌다 고향 뒷산 그 옛 찔레나무 앞에 섰을 때 덤불 아래 그 흰 빛 사기 희미한데,

예나 지금이나 찔레꽃은 하얬어라 벙어리처럼 하얬어라 눈썹도 없는 것이 꼭 눈썹도 없는 것이 찔레나무 덤불 아래서 오월의 뱀이 울고 있다

'타임캡슐'에 묻힌 옛사랑의 흔적

    한때 타임캡슐이 유행했다. 그것에 역사적 자료를 담아 보관하는 공적인 행사도 많았지만, 모름지기 타임캡슐이란 개인의 추억 속에서 빛을 발하는 법. 저마다의 인생에서 타임캡슐을 묻는 시점은 유행을 타지 않는다. 송찬호(49) 시인이 불러낸 타임캡슐은 머언 먼 찔레 덤불 아래 엎어놓은 하얀 사기 사발 속 너의 편지. 아릿해라. 여자애가 딴 사람에게 시집을 가며 남자애에게 하얀 사기 사발 타임캡슐을 남긴다. "찔레나무숲에 가보라" 하였지만 훗날 가보라는 것인지 당장 가보라는 것인지는 알 수가 없다. 아무튼 아득한 마음이 불을 지펴 마음에 담아두고만 있지 못할 무엇인가 사기 사발 속으로 흘러 들어갔으니, 그것은 먼 후일 시인이 된 남자애가 기어코 시로 다시 불러내게 될 타임캡슐 속의 편지.

    하필이면 하얀 찔레꽃 덤불 아래라니! 찔레꽃의 숨소리를 들여다보고 있는 달밤의 곡절은 아릿하게 가슴을 찌른다. 누군들 한번은 저런 순간을 가진 적 없겠는가. 엎어놓은 흰 사발이 아니더라도, 우리는 얼마나 다양한 방법으로 사랑하는 사람에게 편지를 전하곤 했던가. 잊히지도 않고 잊을 수도 없는 찔레나무가 한 그루씩은 가슴 한가운데 있었기에.

    하지만 조심할 것. 이 시를 읽는 이들은 시인의 실제 경험을 상상하기 쉬울 테지만, 비밀은 아무도 모른다. 송찬호 시인은 소걸음처럼 느리고 정밀하게 시를 세공하는 시의 장인. 봄이면 흔히 만나는 찔레꽃을 가만히 오래 들여다보다가 이런 청춘남녀를 그의 시에 불러와 세공하기로 한 것인지도 모른다. 타인의 그늘이 나의 그늘이 되고, 나의 그늘이 시의 앞면이 되는 생생함에서 그의 연금술은 절정을 이룬다.

송찬호 시인은 고향 충북 보은에서 평생을 사는 농부 시인이다. 농사일이 바빠서인지 도시의 속도에 익숙한 이들이 상대적으로 빠른 것인지, 아무튼 심한 과작이다. 과작인 만큼 그가 세상에 내보내는 시들은 태작이 거의 없다. 송찬호 '쩨쩻'는 거개가 명품들이다. 1989년 나온 첫 시집 《흙은 사각형의 기억을 갖고 있다》를 읽던 그때 나는 대학 2학년이었고, 세상은 지금이나 그때나 여전히 아팠다. 아픈 세상에 위로가 되는 단단한 비극을 그의 시편에서 읽던 기억이 새롭다.

거의 20년이 흐르는 동안 그가 세상에 내놓은 시집은 통틀어 세 권. 농부와 시인을 잘 일치시키지 못 하거나 소박한 농촌일기를 쓸 거라고 생각하는 우리네 감각에 죽비를 치며 그는 이 시대 가장 세련된 미학주의자의 길을 걷고 있다. 속리산과 구병산 줄기가 만나는 보은군 마로면, 자연이 주는 온갖 것들에서 고품격의 아름다움을 탐닉하며 사는 그가 부럽다.

김선우 ✳

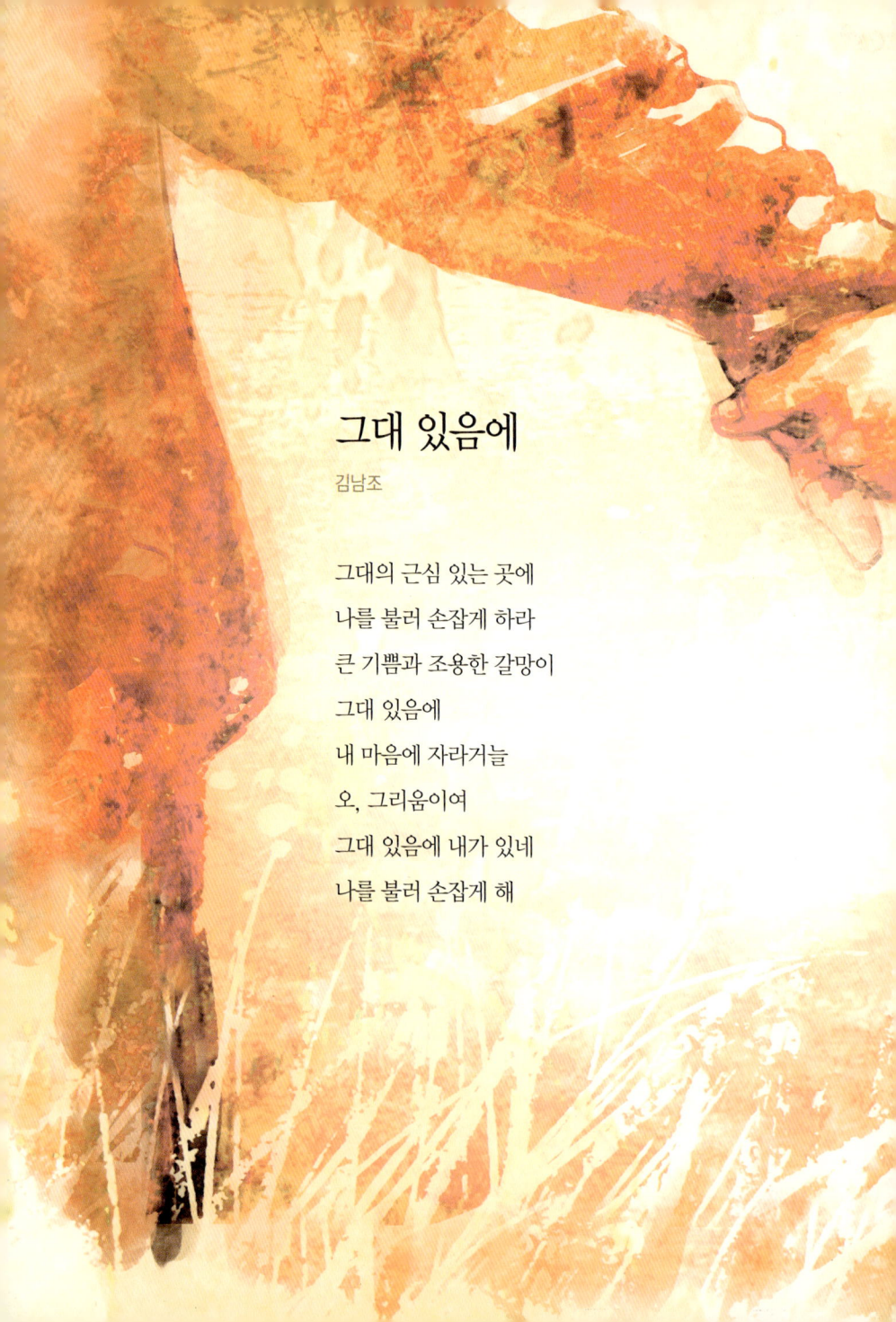

그대 있음에

김남조

그대의 근심 있는 곳에
나를 불러 손잡게 하라
큰 기쁨과 조용한 갈망이
그대 있음에
내 마음에 자라거늘
오, 그리움이여
그대 있음에 내가 있네
나를 불러 손잡게 해

그대의 사랑 문을 열 때
내가 있어 그 빛에 살게 해
사는 것의 외롭고 고단함
그대 있음에
삶의 뜻을 배우니
오, 그리움이여
그대 있음에 내가 있네
나를 불러 그 빛에 살게 해

사랑은 神에게의 질문, 탄식, 갈망

　사랑을 이해해 보려던 때가 있었다. 가을 저녁을, 새벽을 이해해 보려던 것처럼 무모한 시도였다. 그때는 미처 알지 못했던, 차마 예상치 못했던 새로운 세계 앞에서 두렵고 외롭고 떨렸으므로 '이해' 까지가 절대로 필요했던 모양이다. 그러나 그것은 결국 '지식' 의 대상이 아니었으므로 이성이 도달할 수 없는 저편에서만 빛났다.

　어느 순간 신앙 체험에서 말하는 '들림' 과도 같은 사랑이 올 때, 그 사랑은 신성의 반열에 오른 것이라고 할 수 있을 것이다. 그 사랑의 탐구는 곧 신을 향한 질문이요, 탄식이요, 비통한 갈망이다. 사랑이란 진주를 품은 자는 다만 아프고 뿌듯할 뿐이다.

　'기쁨' 과 '갈망' 이 동시에 자라나는 마음이 곧 사랑이고 그것은 근심과 같은 것이라고 이 시는 말한다. 근심은 외롭고 고단한 것임으로 누군가의 손을 부른다. 손 잡는다는 것, 그 맞잡은 손에서 열리는 빛이 곧 사랑의 뜻임을 알게 한다. 손 잡는다는 것, 손 잡아준다는 것이 구원이라면 그처럼 쉬운 일도 없으련만 우리는 그마저도 못한다고 생각하니 그저 부끄럽기만 하다.

　이 시를 눈으로 '읽기' 전에 귀로 '들었던' 분들이 많을 것이다. 메조 소프라노 백남옥의 음성이었고, 작년 봄에 세상을 뜬 작곡가 김순애 선생이 빚은 선율이었다. 송창식의 청신한 목소리와 몸짓 또한 우리 마음에 사랑의 핵심들을 샘물처럼 쏟아 부었다. 발길이 바람 부는 새파란 풀밭을 만나거나 하면 자신도 모르게 그 멜로디를 흥얼댔다.

　김남조(81)는 영성靈性 가득한 시인으로서 우리 여성 문단의 독보적獨步的 존재였다. 지금도 기도와 사랑과 겨울의 시인으로 독자들의 가슴에 자리잡고 있을 것이다. '(…)/ 신의 보태심 없는 그리움의/ 罰(벌)이여/ 이 타는듯한 갈망/ (…)/ 다 같이 늙어진 어느 훗날에/ 그 전날 잠시 창문에서 울던/ 어여쁘디 어여쁜/ 후조라고 할까/ (…)'《候鳥》. 김 시인은 "아무리 시에 재기가 많아도, 시대에 대한 모럴이 가득해도 영성이 없어서는 미달이지 않는가"라고 말한 적이 있다. 진정 시의 원로만이 할 수 있는, 갈증 나는 이 시대의 영혼들에게는 샘물과도 같은 말이다.

장석남 ✽

즐거운 편지

황동규

1

내 그대를 생각함은 항상 그대가 앉아 있는 배경에서 해가 지고 바람이 부는 일처럼 사소한 일일 것이나 언젠가 그대가 한없이 괴로움 속을 헤매일 때에 오랫동안 전해 오던 그 사소함으로 그대를 불러 보리라.

2

진실로 진실로 내가 그대를 사랑하는 까닭은 내 나의 사랑을 한없이 잇닿은 그 기다림으로 바꾸어 버린 데 있었다. 밤이 들면서 골짜기엔 눈이 퍼붓기 시작했다. 내 사랑도 어디쯤에선 반드시 그칠 것을 믿는다. 다만 그 때 내 기다림의 자세를 생각하는 것뿐이다. 그 동안에 눈이 그치고 꽃이 피어나고 낙엽이 떨어지고 또 눈이 퍼붓고 할 것을 믿는다.

처음에 사랑이 있었다, 마지막에도 사랑이 있을 것이다

숱한 청춘의 연애편지에 등장했을 이 시가 세상에 나온 것은 1958년. 올해로 등단 50년이 되는 황동규(70) 시인이 《현대문학》에 발표한 데뷔작이다. 그러니까 이 시는 50살을 먹었다. 그런데 여전히 젊다. 시에도 역사가 생기고 생로병사가 있다. 50살 먹은 이 시가 교과서에 파묻히지 않고 여전히 생생한 현장의 사랑시인 것은 서정시의 뿌리와 통하기 때문이리라. 서정시란 삼라만상과 주고받는 연애에 가까운 것이니!

이 시는 시인이 까까머리 고3 학생일 때 짝사랑하던 연상의 여대생에게 바친 시라 한다. 뜨겁고 아찔한 청춘의 섬광. 1950년대 폐허의 서울에 이런 시가 있어 주었다는 것은 얼마나 다행인가. 어떤 각박한 시대에도 연애는 끊이지 않았으니 잔인하고 난폭한 세상을 함께 뒹굴면서 우리의 삶을 어루만져 준 것에 아무래도 우리의 사랑과 연애가 한몫을 하였으리.

    초등학교 6학년 때 언니의 책장에 꽂혀있던 한 시집에서 보고 연필에 침을 묻혀 가며 또박 또박 베껴 써 보낸 〈즐거운 편지〉, 그 위문편지를 어느 국군장병 아저씨가 마음에 받았을까. 훗날 다시 읽게 된 그 시집은 《삼남에 내리는 눈》이었다.

    이 시의 '내 그대를 생각함' 이후로 오는 것은 실은 다 여백이다. 독자의 마음을 움직여 스스로 편지를 쓰게(시를 짓게!) 하는 능동적인 여백이다. 나의 짝사랑이 그대 입장에선 사소한 것일 수도 있음까지 헤아린다. 그러나 그대가 '괴로움 속을 헤매 일 때' 가 온다면 내가 그대를 지킬 거라고 다짐하는 결연한 열정! 자신의 사랑을 '사소함' 이라 말하는 조숙함은 사랑이 아니라면 어디서도 얻지 못할 자세일 것이다.

    그리하여 2연에서 나의 사랑은 한없는 기다림이 된다. 나는 이 사랑이 어디쯤에서 그칠 것이라는 것도 알고 있다. 어쩌면 사랑이 그치는 순간을 기다리고 있는지도 모른다. 하지만 사랑이 그칠 때의 '내 기다림의 자세'를 생각하는 이에게 사랑은 그치지 않는다. 그는 사랑의 영원을 믿는 자. 사랑은 노년을 소년으로 만들기도 하지만 소년을 원숙한 어른으로 만들기도 한다. 사랑은 대상을 향하지만 궁극적으로 인생에 대한 '나의 자세'를 가르치고 견인하는 스승이거니. 처음에 사랑이 있었다. 그리고 마지막에도 사랑이 있을 것이다.

 시인 황동규는 50년 동안 13권의 시집을 내놓았지만 여전히 쟁쟁한 현역이다. 요즘 그가 내놓는 시들은 젊은 시인을 긴장시킨다. "나이가 들면서 체력도 기억력도 떨어지는데 상상력은 줄지 않는다"는 시인의 말이 눈송이처럼 서늘하고 뜨겁게 내려앉는다. 사랑을 아는 심장의 가장 중심으로.

김선우 ❄

남편

문정희

아버지도 아니고 오빠도 아닌
아버지와 오빠 사이의 촌수쯤 되는 남자
내게 잠 못 이루는 연애가 생기면
제일 먼저 의논하고 물어보고 싶다가도
아차, 다 되어도 이것만은 안 되지 하고
돌아누워 버리는
세상에서 제일 가깝고 제일 먼 남자
이 무슨 원수인가 싶을 때도 있지만
지구를 다 돌아다녀도
내가 낳은 새끼들을 제일로 사랑하는 남자는
이 남자일 것 같아
다시금 오늘도 저녁을 짓는다
그러고 보니 밥을 나와 함께
가장 많이 먹는 남자
전쟁을 가장 많이 가르쳐준 남자

세상에서 제일 가깝고 제일 먼 남자

인기 드라마 〈엄마가 뿔났다〉가 얼마 전 종영됐다. 드라마에서 탤런트 김혜자씨의 가출이 화제를 불러 일으켰다. 그런데 그 '아내, 또는 엄마의 가출'을 미리 말한 시가 있었다. 문정희 시인(61)의 시 '여보, 일 년만 나를 찾지 말아주세요/ 나 지금 결혼 안식년 휴가 떠나요/ 그날 우리 둘이 나란히 서서 / 기쁠 때나 슬플 때나 함께하겠다고 / 혼인 서약을 한 후/ 여기까지 용케 잘 왔어요/(…)'《공항에서 쓸 편지》라는 작품이다. 시는 '(…)/ 이제 내가 나에게 안식년을 줍니다/ 여보, 일 년만 나를 찾지 말아주세요/ 내가 나를 찾아가지고 올테니까요' 라고 끝을 맺는다.

현재 가장 절실한 삶의 문제가 시가 되어 나온다는 말이 있다. 문정희 시인은 위의 시 〈남편〉에서처럼 사랑하여 함께 살기로 한 결혼이라는 제도가, 혹은 남편의 존재가 중년 이후 어떻게 변화를 겪으며 성숙해가는지 솔직하고 과감한 언어로 꽃피우고 있는 중이다. 그래서 문정희의 사랑시는 독특하다. 모두가 아는 연애시의 범주를 깨고 중·장년의 사랑의 서글픔 내지 깊이를 단도직입의 방식으로 보여주고 있는 것이다.

'당신의 냄새는/ 내가 최초로 입술을 가진 신이 되어/ 당신의 입술과 만날 때 / 하늘과 땅 사이로 쏟아지는/ 여름 소나기 냄새'《당신의 냄새》라는 절창이나,

'동그란 해로 너 내 위에 떠 있고/ 동그란 달로 나 네 아래 떠 있는/ 이 눈부신 언어의 체위// 오직 심장으로/ 나란히 당도한/ 신의 방'(("응"))이란 발견에는 서늘한 에로스가 아득하다. '세상에서 제일 가깝고 제일 먼 남자', '전쟁을 가장 많이 가르쳐준 남자'가 바로 남편이라고 했을 때, 그 '전쟁'에 동원된 살림살이의 오합지졸들을 상상해본다. 슬프다. 허나 그것이 바로 우리네 사랑의 진풍경 아닌가.

이 시는 최근 미국 뉴욕에서 출판되어 주목 받고 있는 문 시인의 영역 시선집 《우먼 온 더 테라스》에 실렸고, 미국 평단으로부터 '펄펄 살아있는 한국 현대시'라는 찬사를 받은 작품이다.

여고생 시절, 전국의 백일장 장원을 도맡아 했고 미당 서정주의 발문을 받아 첫 시집을 내서 주변의 선망과 질투를 한 몸에 받았던 문정희 시인. 사십여 년이 지난 지금도 여전히 그 청춘의 열기로 들끓는 시를 쓰는 그녀는 '오색 등불아래 네온사인 아래/ 이름도 몰라 성도 알 필요가 없는/ 익명의 가슴마다/ 사뿐사뿐 언어의 발자국을 찍는/ 황홀한 시인 지상의 무희'(《프리댄서》)라고 자신을 규정했다.

장석남

새벽밥

김승희

새벽에 너무 어두워
밥솥을 열어 봅니다
하얀 별들이 밥이 되어
으스러져라 껴안고 있습니다
별이 쌀이 될 때까지
쌀이 밥이 될 때까지 살아야 합니다

그런 사랑 무르익고 있습니다

그래도, 껴안을 수 있는 사랑이 있기에…

가끔 새벽에 일어나면 밥솥을 열어본다. 별들이 밥이 되어 껴안고 있는 밥솥이 당신의 주방에도 있을 것이다. 꿈과 이상이 현실과 동떨어져 공중부양 중이라면, 그것은 그냥 별이다. 별은 아름답지만 우리의 맨몸을 덮어줄 수도 허기진 일상을 채워줄 수도 없다. 별이 쌀이 될 때까지, 쌀이 다시 밥이 될 때까지 우리는 온몸으로 '살아야' 한다. 별이 밥이 되는 삶의 연금술에 필요한 것은 오직 하나. 으스러져라 껴안는 사랑뿐이다.

타인의 고통을 타인의 것으로만 간주할 때 세계의 상처는 치유되지 않는다. 타인의 고통을 나의 고통으로 받아들일 수 있는 감수성의 혁명. 이것은 문학을 통해 우리가 얻을 수 있는 가장 귀한 선물 중 하나일지 모른다.

시인 김승희(56)는 사랑을 통해 별과 쌀을 결합시키며 타인의 장벽을 해체한다. 사랑 없는 '당연'과 '물론'의 세계도 해체한다. 모든 억압과 부자유로부터의 탈주. 독을 없애는 독. 상처를 치유하는 상처. 김승희에게 현실은 매순간 치열한 싸움터다. 사랑 없는 삶이 너무나 많으므로 사랑을 깨우기 위해 시인은 싸울 수밖에 없다. 싸움은 혹독하고 상처는 깊지만 낭자한 상처들에서 싹처럼 별이 돋는다. 사랑을 위해 싸운 상처로부터 돋아난 것들은 두근거린다. 별은 밥이 된다. 생명의 약동과 치유를 향해 있으므로.

김승희는 노래한다. '가장 낮은 곳에/ 젖은 낙엽보다 더 낮은 곳에/ 그래도 라는 섬이 있다/ 그래도 살아가는 사람들/ 그래도 사랑의 불을 꺼트리지 않는 사람들// (중략)/ 그래도 부둥켜안고/ 그래도 손만 놓지 않는다면/ 언젠가 강을 다 건너 빛의 뗏목에 올라서리라'(《그래도 라는 섬이 있다》).

아프다. 현실이 아프고 현실을 견인해내려는 몸부림이 아프다. 사랑이 아니고는 건너기 힘든 세월이 너무도 흔하지 않은가. 그 역시 병상에 있는 가족을 간호하며 힘든 세월을 보냈다. '그래도' 우리는 살아야 한다고 그가 말할 때 나는 온 가슴으로 고개를 끄덕거린다. 오래 싸웠으므로 이제 그만 쉬라고 말해주고도 싶다. 하지만 그는 야생의 영혼을 가진 샤먼. 경계를 가로지르며 그는 솟구쳐 오를 것이다. "억압을 뚫지 않으면, 악업이 되어, 두려우리라"고 말하는 사랑의 전사이므로. 사랑의 빅뱅을 꿈꾸는 시인과 함께 세상의 모든 '그래도'에 '새벽밥'을 바친다.

김선우

갈증이며 샘물인

정현종

너는 내 속에서 샘솟는다
갈증이며 샘물인
샘물이며 갈증인
너는
내 속에서 샘솟는
갈증이며
샘물인
너는 내 속에서 샘솟는다

사랑하는 너, 내 마음속의 시소

스무 살 언저리 어느 날, 친구 손에 이끌려 아주 작은 섬으로 소풍을 간 일이 있다. 그곳은 배를 타지 않아도 되는 섬, 도심의 뒷골목에 있는 찻집의 이름이 섬이었다. 그곳은 정현종(69) 시인의 시 〈섬〉을 기리는 집이기도 했다. '사람들 사이에 섬이 있다/ 그 섬에 가고 싶다'라고 조그만 액자로 걸려 있던 시구에서 얼마나 많은 이들이 나처럼 외로운 심사를 위로 받았을까. 나 혼자만이 '섬'이 아니라 모두가 섬이라는 사실을 알려준 고마운 시였다. '사람이/ 풍경으로 피어 날 때가 있다/ 앉아 있거나/ 차를 마시거나/ 잡담으로 시간에 이스트를 넣거나/ (중략) 그게 저 혼자 피는 풍경인지/ 그건 잘 모르지만// 사람이 풍경일 때처럼/ 행복한 때는 없다'(《사람이 풍경으로 피어나》)는 시인의 다른 시처럼 나는 그 섬을 다녀온 후 언제나 '풍경으로 피어날' 수 있다고 믿었다.

즐거운 것은 대개 피어나거나 솟아나는 형태로 온다. 팬 보리밭의 종달새를 보라. 아지랑이를 보라. 봄에는 싹이 솟아나고 여름엔 숲이 솟는다. 가을엔 하늘이 드높아 짙푸르지 않던가. 꽃대도 솟고 웃음도 솟는다. 만국기 아래 운동회의 아이들이여! 그 통통 튀는 솟아오름이여! 그 중에서도 최고는 역시 '샘솟는' 것. 샘솟는 것엔 우선 견딜 수 없는 싱그러움이 있다. 울음마저도 샘솟는다고 하면 얼마나 후련한가. 그윽하고 차분한, 그럼에도 발 동동 구르고 싶은 기쁨과 인내가 거기엔 있다.

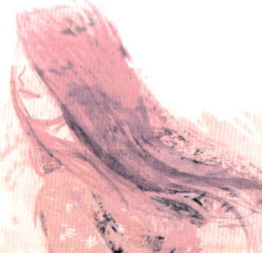

시인 정현종은 기쁨과 솟아오름의 시인이다. 이 시인의 웃음은 한국 문단사가 기록할 최상급의 것이기도 하다. 그의 시는 '싹'이나 '샘물'이나 '날개'처럼, 또 '풍경'처럼 가볍게 떠오르는 것들을 찬양한다. 그래서 '마음이여 몸이여 무거운 건 얼마나 나쁜가'(《바람이 시작하는 곳》)라고 노래하기도 한다. 그 누가 부정할 수 있으리요. 제아무리 큰 설악산 울산바위 같은 것도 가볍게 날개를 달아 날려 보낼 정도의 쾌활함과 저력이 그의 50여년 가까운 시력 내내 일관되게 빛난다. 그러나 그러함에도 삶이 마냥 솟아오르기만 하던가. 역설적이게도 솟아오르는 것은 무거움의 전제 없이는 가능하지 않는 것. 이 시는 그 양가적인 세계를 가장 간결하게 보여준다.

사랑하는 '너'는 맘속에서 시소와 같다. 사랑도 살아 있는 것이므로 일정할 수 없으니 때로 무겁게 가라앉는 갈증이 된다. 갈증이 없다면 샘솟음도 없는 것. 샘솟음이 곧 고통이고 갈증이 기쁨의 다른 이름이기도 한 것이다. 시인은 일찍이 그 사랑을 '고통의 축제'라고 정의했었다. 참 물맛을 알기 위한 갈증의 축제, 그 마라톤이 곧 사랑인 셈이다. 갈증과 샘솟음의 양 극단을 오르내리는 시소놀이에서 높이 샘솟을 때 우리는 세상과 우주의 환희를 알며 다시 낮게 내려앉을 때 겸손과 견딤을 배운다.

장석남

옥수수밭 옆에 당신을 묻고

도종환

견우직녀도 이 날만은 만나게 하는 칠석날
나는 당신을 땅에 묻고 돌아오네
안개꽃 몇 송이 함께 묻고 돌아오네
살아 평생 당신께 옷 한 벌 못 해주고
당신 죽어 처음으로 베옷 한 벌 해 입혔네
당신 손수 베틀로 짠 옷가지 몇 벌 이웃께 나눠주고
옥수수밭 옆에 당신을 묻고 돌아오네
은하 건너 구름 건너 한 해 한 번 만나게 하는 이 밤
은핫물 동쪽 서쪽 그 멀고 먼 거리가
하늘과 땅의 거리인 걸 알게 하네
당신 나중 흙이 되고 내가 훗날 바람 되어
다시 만나지는 길임을 알게 하네
내 남아 밭 갈고 씨 뿌리고 땀 흘리며 살아야
한 해 한 번 당신 만나는 길임을 알게 하네

다시 만나자, 당신은 흙이 되고 내가 바람이 되어

영원한 사랑을 믿는가? 사랑이 영원할 거라는 생각은 요즘으로 치면 좀 촌스럽다. 만남도 헤어짐도 '쿨해져 버린' 시대니까. 사랑에 빠진 직후라면 영원한 사랑 운운이 자연스러울 수도 있겠다. 그런데 도종환(54) 시인은 사랑에 막 빠졌을 때가 아니라, 사랑하는 사람과 이별할 때 사랑의 영원을 노래한다. 이런 사랑법, 예컨대 '사랑의 뒷심'이 세상의 나지막하고 소소한 뒷마당을 지켜가는 소중한 힘이 되기도 한다.

'당신 나중 흙이 되고 내가 훗날 바람 되어' 다시 만나질 그날을 예비하며 헐벗은 벌판을 경작하는 시인의 어깨는 고단하다. 하지만 현실의 고단함을 기꺼이 짐 지는 것이 진정으로 당신을 만나는 길임을 믿기에 시인은 '밭 갈고 땀 흘리며' 묵묵히 당신을 그리워한다. 도종환은 이별과 그리움과 눈물의 시인. 1986년 출간 이후 당대의 밀리언셀러였던 시집 《접시꽃 당신》이 시인을 세상에 알렸지만, 이 시집의 놀라운 판매량은 비극적인 개인사에 대한 세간의 관심 때문만은 아니었다. 80년 광주의 상처로부터 출발한 암울한 시대의 중반에 인간의 근원적 상처인 삶과 죽음을 진정성 가득한 서정시로 빚어 올린 이 시집은 개인의 비극과 시대의 비극이 긴밀히 연결된 지점에서 독자들의 마음을 위로했다. 사람들은 시집을 보며 눈물 흘렸고 눈물은 우리의 상처를 어루만져 주었다.

    실제로 도종환 시인을 만나면 많이 울었던 사람의 눈빛과 마주친다. 그는 잘 웃는 편인데 그 웃음이 세상의 무게를 견디고 있는 느낌일 때가 많다. 왜 아니랴. 당신이 사랑한 세상은 여전히 문제투성이고, 나는 당신을 만나기 위해 오늘의 세상을 더 많이 사랑해야 한다. 옥수수밭 옆에 묻은 당신을 끝내 붙잡아두고 싶었던 세상이므로, 이 세상이 조금씩 더 나아질 수 있게 나는 무엇이든 해야 한다. 그것이 당신에 대한 내 사랑을 지키는 일이기도 하므로. '(…)/ 남은 날은 참으로 짧지만/ 남겨진 하루하루를 마지막 날인 듯 살 수 있는 길은/ 우리가 곪고 썩은 상처의 가운데에/ 있는 힘을 다해 맞서는 길입니다/(…)' 《접시꽃 당신》

    쓸쓸하게 버려진 세상의 뒷마당들에 씨앗을 심고 가꾸는 시인은 '공공 선善'이랄지 '희망' 같은 구닥다리 말들이 여전히 사랑을 지키는 근원 힘임을 알고 있다. 변방의 사람들을 향해 그가 내미는 노래들은 따뜻하고 순연하다. 그 노래들 속에 사랑의 푸른 빛들이 반짝인다. 영원한 사랑을 믿느냐고? 영원한 사랑은 있다. 내 안에 당신이 있는 방식으로, 혹은 '당신 나중 흙이 되고 내가 훗날 바람 되어' 만나는 방식으로. 아무리 세상이 낡고 슬픔이 많다 해도 사랑은 앞으로 나아간다.

김선우 ❄

저녁에

김광섭

저렇게 많은 중에서
별 하나가 나를 내려다본다
이렇게 많은 사람 중에서
그 별 하나를 쳐다본다
밤이 깊을수록
별은 밝음 속에 사라지고
나는 어둠 속에 사라진다
이렇게 정다운
너 하나 나 하나는
어디서 무엇이 되어
다시 만나랴

살아온 날들… 그 글썽임이 **별빛**으로 빛나

    사랑은 서로 껴안는 것이다. 함께 살며 나란히 앉는 것이다. 또한 사랑은 서로 눈을 맞추는 것이기도 하다. 여기 저녁이 내리는 뜰에 내려가 하늘을 우러르는 사람이 있다. 하늘의 눈동자에 눈 맞추는 사람이다. 하루의 삶 중에서 가장 경건한 시간일 것이다. 반성과 겸손의 시간이다. 일 년으로 치면 가을이고 인생으로 치면 노년이다. 차분하게 어둠 속을 응시하며 살아온 날들을 정리해보는 시간. 하나 둘 생겨나는 별과 함께 하나 둘 되살아나는 기억 속의 인연들이 있을 것이다. 그중 다정한 웅얼거림처럼 유난히 빛나는 딱 하나의 별. 아내여도 좋고 아들이어도 좋다. 뼛속 깊이 새겨진 연인이어도 좋다. 그 글썽임, 가슴 깊이 저려오는 글썽임이 빛난다. 밥을 먹으며 삼킨 눈물, 길을 걸으며 혼자 웃던 웃음, 앓아누워 그립던 손길, 이제는 덤덤함 속에서 문득 빛을 튕기는 그 사람. 그 유별한 인연의 희로애락이 어둠의 겹처럼 차례차례 짙어지고 또 그만큼 빛을 더하는 별이 밤새도록 이마 위에서 사운대고 있다.

    사랑하는 이를 멀리 보내고 나서 그 보낸 이와 눈 맞춰보고 싶은 심사가 바로 '저녁에' 수없이 떠오르는 별을 헤는 일일 터. 그중 유별나게 다가오는 별 하나를 웃음과 눈물로 동시에 마주하는, 그것은 이별 이후의 또 다른 사랑의 자세이다.

    이 시에는 밤 내내 하늘을 향해 떠 있는 하나의 실루엣이 보인다. 아주 조금씩만 떠올랐다 가라앉는 어깨선. 그 숨결이 또 다른 어느 기억 속에서는 별빛으로 글썽일지 모른다. 곧 어둠 속으로 사라질 한 생명의 실루엣이 슬프고도 거룩하다.

김광섭 시인(1905~1977)은 다양한 경력의 시인이었다. 영문학을 전공한 1세대 해외문학파의 일원이었고 일제 하에서 긴 옥고를 치른 민족주의자였으며 금광을 운영하기도 했다. 신문사와 문학지를 발행한 언론인이며 교수였다. 경무대의 공보 비서관을 지낸 정치가이기도 했으니 보통 사람은 흉내내기 어려운 숨가쁜 일생이라 하지 않을 수 없다. 그의 인생의 영향이겠지만 그의 시에는 〈안익태〉, 〈이승만〉, 〈고희동〉, 〈최규동〉 등의 '인물시'가 많으며 사회 현실에 대한 진단과 전망, 행사시들을 따로 묶어 말년엔 《반응》이란 시집을 내기도 했다. 그러나 그의 시의 진수는 역시 노년의 힘겨움 속에서 탄생했다. '병病은 앓으면서도 양식良識을 기른다./ 사 년 동안에/ 선량選良 이백 명분은 넉근히 쌓여서/ 오늘은 오늘의 슬픔이 그냥 내일來日이 되는/ 그런 날이다/ 크게 바랄 것도 남지 않았고/(…)' 《병病》) 회갑 지나 뇌일혈로 쓰러지고 난 후 그의 대표작 〈성북동 비둘기〉, 〈저녁에〉 등과 함께 그 '노경'의 아름다움을 대표적으로 보여주고 있는 것이다.

이 시는 듀엣 '유심초' 노래로 일반에 널리 알려졌지만, 화가 김환기의 대표적 추상화 작품 〈어디서 무엇이 되어 다시 만나랴〉로도 높은 경지를 얻었다. 두 사람은 같은 성북동 언덕바지에 살며 사귐도 깊었다고 한다.

장석남

가난한 사랑 노래

신경림

가난하다고 해서 외로움을 모르겠는가
너와 헤어져 돌아오는
눈 쌓인 골목길에 새파랗게 달빛이 쏟아지는데.
가난하다고 해서 두려움이 없겠는가
두 점을 치는 소리
방범대원의 호각소리 메밀묵 사려 소리에
눈을 뜨면 멀리 육중한 기계 굴러가는 소리.
가난하다고 해서 그리움을 버렸겠는가
어머님 보고 싶소 수없이 되어보지만
집 뒤 감나무에 까치밥으로 하나 남았을
새빨간 감 바람소리도 그려보지만.

가난하다고 해서 사랑을 모르겠는가
내 볼에 와 닿던 네 입술의 뜨거움
사랑한다고 사랑한다고 속삭이던 네 숨결
돌아서는 내 등뒤에 터지던 네 울음.
가난하다고 해서 왜 모르겠는가
가난하기 때문에 이것들을
이 모든 것들을 버려야 한다는 것을.

가진 것 없어도 사랑하는 어여쁜 청춘이여

〈가난한 사랑 노래〉 이전에 〈너희 사랑〉이라는 시가 있었다. 사연은 이렇다. 신경림(73) 시인이 막 50대 초반에 들어섰을 때다. 시인이 자주 가던 식당에 청초하고 어여쁜 처녀가 있었다. 어느 날 이 처녀가 시인에게 면담을 청하였다. 사연을 들어보니, 그녀에게 사랑하는 남자가 있는데 그 남자가 신경림 시인의 시를 무척 좋아한다며 한번 만나달라는 거였다. 사랑하는 사람을 위해 시인에게 어렵게 청을 넣은 이 식당 따님의 마음이 어여뻐 시인은 남자를 만났다. 그리고 두 남녀는 머지않아 부부 연을 맺었다. 그때 시인은 두 사람을 축복하며 〈너희 사랑〉이라는 시를 지어 결혼식에서 읽어주었다. 결혼식은 컴컴한 반 지하 방에 열 명 남짓 모여 단출하게 치러졌다. 노동운동을 하던 남자가 수배 중이었기 때문이었다. 미래는 불투명하고 가진 건 아무 것도 없지만 너무도 행복해하는 이 어여쁜 청춘 남녀에게 〈너희 사랑〉을 선물한 후 이들을 생각하며 또 한편의 시를 썼으니 그것이 〈가난한 사랑 노래〉다.

'낡은 교회 담벼락에 쓰여진/ 자잘한 낙서에서 너희 사랑은 싹텄다/ 흙바람 맵찬 골목과 불기 없는/ 자취방을 오가며 너희 사랑은 자랐다/ 가난이 싫다고 이렇게 살고 싶지는 않다고/(…)/ 망설임과 헤어짐 속에서 너희 사랑은/ 굳어졌다 새 삶 찾아나서는/(…)' 《너희 사랑》

　가난한 사람들이 세상을 읽는 방식은 사랑이다. 부자인 사람들이 세상을 읽어 낼 수 있는 방법도 사랑뿐이다. 우리 모두 영혼이 가난하고 고독한 존재일 수밖에 없기 때문이다. 내 사랑도 세상 어디선가 모진 몸싸움을 하며 소주잔을 기울일 수밖에 없고, 자존과 치욕 속에서 많은 밤을 뜬눈으로 지새울 수밖에 없는 영혼이기 때문이다.

　가난한 농촌에 대한 애틋한 헌시인 그의 첫 시집 《농무》는 우리 시사에 리얼리즘 시의 아름다운 시금석을 놓은 기념비적 시집이었다. 신경림은 시를 어렵고 관념적인 세계로 느끼던 독자들에게 쉬우면서도 깊은 감동이 있는 세계가 있다는 것을 보여주었다. 그의 모든 시집들엔 도시 노동자와 변두리 빈민에 이르기까지 세상의 약자들을 향한 곡진한 애정이 배어 있다. 민중의 삶이 자연스럽게 노래가 되는 경지를 그는 꿈꾼다. 가난하고 못난 우리가 원래 노래였다고! 그러므로 '가난하기 때문에 이 모든 것들을 버려야 한다'는 아픈 고백은, 가난해도 절대로 사랑만은 버릴 수 없다는 사랑의 응원가와 닿아있지 않은가.

김선우 ※

열애

신달자

손을 베었다
붉은 피가 오래 참았다는 듯
세상의 푸른 동맥속으로 뚝뚝 흘러내렸다
잘 되었다
며칠 그 상처와 놀겠다
일회용 벤드를 묶다 다시 풀고 상처를 혀로 쓰다듬고
딱지를 떼어 다시 덧나게 하고
군것질하듯 야금야금 상처를 화나게 하겠다
그래 그렇게 사랑하면 열흘은 거뜬히 지나가겠다
피흘리는 사랑도 며칠은 잘 나가겠다
내 몸에 그런 흉터많아
상처가지고 노는 일로 늙어버려
고질병 류마티스 손가락 통증도 심해
오늘밤 그 통증과 엎치락 뒤치락 뒹굴겠다
연인몫을 하겠다
입술 꼭꼭 물어뜯어
내 사랑의 입 툭 터지고 허물어져
누가봐도 나 열애에 빠졌다고 말하겠다
작살나겠다.

상처처럼 온 당신… 그리움으로 욱신거린다

모과 장수가 등장했다. 서늘한 저녁 거리에서 그 열매를 만나면 사야만 할 것 같지 않은가? 수더분한 모양과 고즈넉한 빛깔과 향기로 우리의 마음을 빼앗는다. 두어 개를 사가지고 오다가 그만 하나를 깨고 말았다. 허나 책상머리에서 그 상처난 모과는 마치 어떤 속삭임과도 같은 짙은 향기로 진동한다. 모과에게 상처는 아픔이겠지만 동시에 향기이기도 하니 시인 신달자(65)의 시 〈열애〉와 닮았다. 상처의 향기를 위해 영원히 상처를 덧나게 하겠다는 사랑에 대한 인식은 요즘 세태의 단발성 '일회용 밴드' 적 사랑과는 근원이 다른 것이다.

어쩔 수 없이 상처 받을 때가 있다. 몸에 난 상처는 제아무리 심해도 치유가 되지만 마음에 난 그것은 잘 아물지 않을 때가 많다. 사랑의 감정은 실은 일종의 상처처럼 온다. 그 상처에는 여느 감정의 상처와는 다르다. 증오나 절망 대신 그리움이 감미롭게 욱신거리는 것이다. 그래서 그랬는지 어떤 이는 사랑을 '봉변'이라고 재치 있게 말하기도 한다.

〈열애〉는 상식적 차원의 사랑을 단호히 거부하고 끝끝내 '감염' 된 상처를 안고 가겠다는 '신달자 식' 사랑을 엿보게 한다. 시인은 언젠가 이렇게 고백한 적이 있다. "고통과 상처와의 연애가 내 삶의 긴장을 돋우는 일일 것입니다. 제게 사랑이라는 것은 한심하기 짝이 없는 것입니다. 전 잠수형이에요. 요령 한 번 피우지 못하고 계산은 아예 할 줄 모르고 바닥까지 푹 빠져 버리는 수렁이 제 사랑법입니다. 허망의 극치를 달리는. 제 경험으로는 나같이 푹 빠져 주는 사랑은 잘 없었어요. 있었다면 제 남편이었는데 그 덕분에 생을 모조리 탕진하는 거렁뱅이로 고통의 수심 깊이에서 살아 왔어요."

   사랑으로 생을 탕진하고 거렁뱅이가 된다는 것은 얼핏 낭만적이다. 실현 가능한 일이 아니기 때문이다. 그러나 그것이 실제 삶일 땐 성스럽기까지 하다. 시인의 내면을 '사랑의 거렁뱅이'로 만든, 먼저 이승을 하직한 남편을 시인은 이제 덤덤히 노래한다. '여보! 비가 와요/ 무심히 빗줄기를 보며 던지던/ 가벼운 말들이 그립다/ 오늘은 하늘이 너무 고와요/ 혼잣말 같은 혼잣말이 아닌/(…)'(《여보! 비가 와요》) 한 세계가 되기까지 시인은 상처를 긁고 뜯어서 그것을 봉합하지 않고 아프게, 살아 있게 만들었다. 그 아픔이 더욱 향기롭게 다가오는 것은 그 사랑에 '아련함'만이 있는 것이 아니기 때문이다. '모질게/ 욕이나 할까부다// 네까짓 거 네까짓 거/ 얕보며 빈정대어 볼까부다// 미치겠는 그리움에/ 독을 바르고// 칼날같은 악담이나/ 퍼부어 볼까부다'(《그리울 때는》)라는 지독한 사랑의 '현장감'은 차라리 숙연하다. 정말 그리워 미칠 지경이 되면 지독한 악담이라도 하고 싶다는 것을 아는 자, 사랑을 아는 자다.

장석남

서울역 그 식당

함민복

그리움이 나를 끌고 식당으로 들어갑니다
그대가 일하는 전부를 보려고 구석에 앉았을 때
어디론지 떠나가는 기적소리 들려오고
내가 들어온 것도 모르는 채 푸른 호수 끌어
정수기에 물 담는 데 열중인 그대
그대 그림자가 지나간 땅마저 사랑한다고
술 취한 고백을 하던 그날 밤처럼
그냥 웃으면서 밥을 놓고 분주히 뒤돌아서는 그대
아침, 뒤주에서 쌀 한바가지 퍼 나오시던
어머니처럼 아름답다는 생각을 하며
나는 마치 밥 먹으러 온 사람처럼 밥을 먹습니다
나는 마치 밥 먹으러 온 사람처럼 밥을 먹고 나옵니다

그대 그림자가 지나간 땅마저 사랑합니다

　함민복(46) 시인이 강화도에 들어가 산 지 10년이 넘었다. 이제 시인은 동네의 어부 형님들을 따라다니며 철마다 다른 이름의 물고기를 잡고 뻘 낙지를 잡아 낮술도 할 줄 아는 어민 후계자 시인이 되었다. 다행이다. 그는 가난하다. 그런데 그의 가난은 춥고 궁핍한 느낌보다 어쩐지 다른 사람에게 위로가 되는 '따뜻한 가난'의 느낌을 풍긴다. 시인의 가난이라 그런 것일까. 가령 이런 얘기는 어떤가. 1998년 무렵. 그가 문화관광부에서 주는 '오늘의 예술가상'이라는 상을 하나 받았다. 상금이 500만원인, 당시로는 제법 쏠쏠한 상이었다. 참말 오랜만에 거금을 쥐어보게 될 시인은 내심 들떴으리라. 그런데 이게 웬걸! 마침 IMF한파를 맞았던 그 해에만 상금이 사라져 버렸다. 상금 대신 트로피를 주었다는데, 그 트로피 조각상이 청동인지 돌인지 하여간 엄청 무거웠다고 한다. 상금 없이 달랑 트로피만 주어졌으니 그 마음이 오죽했을까. 무거운 트로

피를 들고 이 술집에서 저 술집으로 자리를 옮기면서 시인은 내내 중얼거렸다. "이 무거운 게 쌀 가마니였으면 얼마나 좋아!"

눈물 나는 얘기를 들으면서도 결국은 빙긋이 웃게 되는 일들과 시인은 인연이 많다. '서울역 그 식당'과의 인연도 그렇다. 그대를 보려고 식당 구석에 앉아있는 시인. 그대가 가져다 준 밥. 시인은 '마치 밥 먹으러 온 사람처럼 밥을 먹고' 나온다. 그대가 어떤 그대인가. '그대 그림자가 지나간 땅마저 사랑한다'고 시인이 고백했던 그대다. 그런 그대가 밥을 가져다 주었으니 나는 그저 밥을 먹고 나온다. 술을 가져다 주었으면 술을, 상처와 고독을 한 양푼 가져다 주었으면 상처와 고독을 그저 달게 받았으리. 사랑하는 그대가 내게 주는 것이므로! 가장 함민복스러운 '긍정의 힘'이 '서울역 그 식당'에도 뻗어 있어 슬그머니 미소가 떠오른다.
'시 한 편에 삼만 원이면/ 너무 박하다 싶다가도/ 쌀이 두 말인데 생각하면/ 금방 마음이 따뜻한 밥이 되네// (…)// 시집이 한 권 팔리면/ 내게 삼백 원이 돌아온다/ 박리다 싶다가도/ 굵은 소금이 한 됫박인데 생각하면/ 푸른 바다처럼 상할 마음 하나 없네'《긍정적인 밥》

　그의 초기시들엔 반생명, 비인간적인 자본주의 현실에 대한 불안, 공포, 분노가 번뜩인다. 독설도 마다하지 않던 시절이었다. 그런 그가 강화도 사람으로 10년 넘어 살고 나니 부드럽고 강인한 갯벌의 침묵이 흘러나오기 시작한다. 그는 이제 날 선 절규 대신 조용한 침묵으로 시를 짓거나 침묵에 가깝게 노래한다. 부드러운 수평을 유지하며 스스로를 지켜가는 갯벌처럼. 갯벌에서 하루 종일 반죽을 개며 노는 그에게서 '말랑말랑한 힘'을 가진 시들이 '쌀 가마니처럼' 쏟아졌으면!

김선우 ❋

사랑의 기교 2 · 라포로그에게

오규원

사랑이 기교라는 사실을 깨닫기까지 나는
사랑이란 이 멍청한 명사에
기를 썼다. 그리고
이 동어 반복이 이 시대의 후렴이라는 사실을
알았을 때까지도 나는
이 멍청한 후렴에 매달렸다.
나뭇잎 나무에 매달리듯 당나귀
고삐에 매달리듯
매달린 건 나지만, 결과는
비참했다 사랑도 꿈도.
그러나 즐거워하라.
이 동어 반복이 이 시대의 유행가라는
사실은 이 시대의
기교가 하느님임을 말하고, 이 시대의
아들딸이 아직도 인간임을 말한다.
이 시대에 가장 아름다운 기교, 나의 하느님인 기교여.

'사랑'은 멍청한 말… 그러나 가장 아름다운 기교

 가벼운 교통사고를 몇 번 겪고 난 뒤 조금만 차가 속도를 내도 앞 좌석의 등받이를 움켜쥐고는 언제 팬티를 갈아입었는지 문득 근심에 젖는, 죽고 난 뒤의 팬티가 깨끗할지 아닐지에 대해 걱정하는 인간이 있다. 시인 오규원(1941~2007)의 시에 자주 등장하는 인간형이다. 인간의 세속적 부끄러움에 대해서 이토록 민활하게 '까발리는' 시가 등장한 것도 오규원에게서 처음이 아닐까 싶다. 말하자면 그는 우리의 오랜 고정관념 속에 고고하게 들어앉아 있는 시에 대해 이렇게 일갈한다. "詩에는 무슨 근사한 얘기가 있다고 믿는/ 낡은 사람들이/ 아직도 살고 있다. 詩에는/ 아무것도 없다/ 조금도 근사하지 않은/ 우리의 生밖에"(《용산에서》). 다시 말하면, 생은 치장된 겉모습만이 전부가 아니라는 사실을 '낡지' 않은 사람은 알 수 있으므로 마냥 근사한 것만이 삶이 아니며 시는 그 삶 전체를 노래하는 것일 뿐이라고 말

한다. 그는 고백했다. "죄송합니다. 나는 삶을 사전에 있는 개념으로 받아들이지 못합니다. 그러니까, 시도 사전에 있는 그대로 받아들이지 못합니다. 그런 죄로 나는 사전에 없지만 이 지상에 있는 삶의 下命(하명)대로 살아 있는 동안은 路上(노상)에서 계속 삶을 동냥하겠습니다…" 사전에 없지만 지상에 있는 그것, 그것이 어쩌면 우리가 늘상 눈물겨워하거나 억울해하거나 아파하거나 외로워 하는, 모든 마이너리티적 삶의 구색들일지 모르겠다.

위의 고백처럼 사전적 의미의 사랑은 오규원 시인에겐 사랑이 아니다. 우리를 늘 구속하던 개념들, 도덕들을 그는 이렇게 풍자한다. "아 어디로 갔나 여기 있어야 할 사랑 愛. 忠 孝는 지금도 있는데, 아 어디로 갔나. 사랑 愛, 미운 오리새끼.(…)"《한 나라 또는 한 여자의 길-楊平洞 3》 어린 시절부터 차별을 가르치는 교육! 정작 '사랑愛'은 있지도 않은 우리의 지배관념! 늘 '미운오리새끼'의 운명인 '사랑'이므로 이제 사랑은 '기교'를 낳을 수밖에 없다. '기교'가 속임수적 요소를 가진다는 부정적 의미에서 탈출하여 모든 억압에서 벗어나는 방법적 관념이 되는 것이다. '사랑'이라는 '멍청한 명사'가 '멍청한 후렴'인 시대, 그것에 매달려 보았지만 '사랑도 꿈도' 비참했던 시대. 그러나 그럼에도 사랑은 한 시대, 아니 모든 시대의 가장 아름다운 기교이며 신의 기교라는 자각은 사랑의 사회적 차원을 가장 아름답고 풍자적으로 제시해 준다.

 '가을은 가을 텃밭에 묻어놓고/ 구름은 말려서 하늘 높이 올려놓고/ (…)/ 그 다음 오늘이 할 일은 다가오는 겨울이 섭섭하지 않도록/ 하루 한 걸음씩 하루 한 걸음씩 마중 가는 일이다'(《씨앗은 씨방에 넣어 보관하고》)라고 한 그는 한 줌 재가 되어 강화도 전등사 뒷산의 나무 아래 잠들었다. 〈서울역 그 식당〉에도 드나들던 가난한 제자 시인 함민복은 오래 강화도에 살면서 선생님의 '능참봉'을 자처하며 허허롭게 웃는다.

장석남 ❋

그리운 부석사

정호승

사랑하다가 죽어버려라
오죽하면 비로자나불이 손가락에 매달려 앉아 있겠느냐
기다리다가 죽어버려라
오죽하면 아미타불이 모가지를 베어서 베개로 삼겠느냐
새벽이 지나도록
마지(摩旨)를 올리는 쇠종 소리는 울리지 않는데
나는 부석사 당간지주 앞에 앉아
그대에게 밥 한 그릇 올리지 못하고
눈물 속에 절 하나 지었다 부수네
하늘 나는 돌 위에 절 하나 짓네

죽음도 불사한 '사랑의 의지'

먼 남녘에서 만났던 고등학교 1학년 벗에게서 카드 메일이 왔다. 열어보니 정호승 시인(58)의 시 〈우리가 어느 별에서〉가 안치환의 목소리로 흘러나온다. 노래에 잠긴다. 시에 잠긴다. 시가 그대로 노래인, 어둔 밤 눈물 같은 이 반짝거림. 내 어린 벗은 요즘 정호승 시인의 첫 시집 《슬픔이 기쁨에게》를 도서관에서 빌려 읽고 있다고 한다. 아주 아주 낡은 책에서 좋은 냄새가 난단다. 자신이 태어나기도 훨씬 전에 세상에 나온 시집을 읽고 있는 열여섯 살 소녀. 시가 세상에 와 어느 누군가의 마음에 닿는 길은 참으로 신비다. 그 애에게 답 메일을 보냈다. 거기에 정호승의 시로 만들어진 노래 중 내가 특별히 좋아하는 〈부치지 않은 편지〉를 동봉했다. '(…) 꽃잎처럼 흘러 흘러 그대 잘 가라/ 그대 눈물 이제 곧 강물되리니/ 그대 사랑 이제 곧 노래되리니/ 산을 입에 물고 나는 눈물의 작은 새여/ 뒤 돌아 보지 말고 그대 잘 가라' 백창우가 곡을 만들고 김광석이 부른 노래다. 이 노래를 들을 때마다 가슴이 뻐근해진다. 소주를 딱 한잔만 하고 싶어진다.

정호승 시인에게서 나는 종종 구도자의 느낌을 받는다. 사랑의 화두를 온몸으로 짐 진 채 전 생애를 걸고 떠난 구도행. 슬픔, 그리움, 절망, 외로움, 희망, 사랑, 이런 단어들이 한꺼번에 떠오른다. 그는 데뷔 이래 세 번이나 스스로 시업詩業을 쉬었다. 이 공백기들에 그는 참담한 절망을 건너온 듯하다. 절망이 깊어도 끝내 사랑을 버릴 수 없었던, 아니, 오직 사랑에 의지해 캄캄한 터널을 통과해온 구도행의 정점에 이 시가 있다고 할까. 사랑하다가 죽어버려라! 해인사 큰스님의 법어에서 충격을 받고 기어이 시로 빚어진 이것은 죽음도 불사한 사랑의 의지다. 순도 높은 '오직 사랑'이다. 낮고 그늘진 변두리 사람들에 대한 한없는 사랑과 연민이 가슴 싸한 슬픔으로 번지던 시편들에서 7년의 공백을 거쳐 나온 다섯 번째 시집 《사랑하다 죽어버려라》는 극한의 고통을 통과해 나온 자리에 핀 한 떨기 붉은 열매처럼 오롯하다. 진저리친다. 이 조용한 구도자의 사랑법은 온몸이다. 정호승의 사랑은 스스로 등신불이 되고자 한다.

'아직도 죽여 버리고 싶을 정도로 나를 사랑하는지 / 아직도 사랑하는 일보다 사랑하지 않는 일이 더 어려운지 / 미나리 다듬듯 내 마음의 뼈다귀들을 다듬어 / 그대의 차디찬 술잔 곁에 놓아 드리리 / 마지막 남은 한 방울 눈물까지도 / 말라버린 나의 검은 혓바닥까지도 / 그대의 식탁 위에 토막토막 잘라 드리리'(〈모두 드리리〉부분) 사랑이 부박해져가는 시대이지만, 소름 끼치도록 염결한 사랑의 의지가 세상 한 녘에서 이렇게 타오르는 한 오라, 절망아, 사랑은 당신의 상처를 치유하고야 말 것이다!

김선우 ✲

한

박재삼

감나무쯤 되랴
서러운 노을빛으로 익어가는
내 마음 사랑의 열매가 달린 나무는!
이것이 제대로 벋을 데는 저승밖에 없는 것 같고
그것도 내 생각하던 사람의 등 뒤로 벋어가서
그 사람의 머리 위에서나 마지막으로 휘드려질까본데.

그러나 그 사람이
그 사람의 안마당에 심고 싶던
느꺼운 열매가 되는지 몰라!
새로 말하면 그 열매 빛깔이
전생(前生)의 내 전(全) 설움이요 전(全) 소망인 것을
알아내기는 알아낼는지 몰라!
아니, 그 사람도 이 세상을
설움으로 살았던지 어쨌던지
그것을 몰라, 그것을 몰라!

내 사랑은 서러운 노을빛, 감나무를 닮았네

문명이라는 것이 인간의 영역이라면 숲으로 상징되는 자연은 신의 영역이다. 우리는 숲에서 신을 느낀다. 가을은, 봄은, 계절은 도시로 오지 않고 숲으로 스미지 않던가. 숲에 들 때마다 생각나는 이름이 있다. 박재삼朴在森. '박달나무 숲에 살다', 나는 그 이름을 이렇게 마음속으로 번역해 부르곤 했다. 그 이름이 생각날 때마다 숲에서 걸어 나오는 한 인간을 상상하곤 했다. 그렇다고 산신령 같은 이미지로서는 아니다. 그저 순한 웃음기를 온몸에 입힌, 어눌한, 그래서 간절히 순리에 입각한 한 시인. "천 년 전에 하던 장난을／바람은 아직도 하고 있다.／소나무 가지에 쉴 새 없이 와서는／간지러움을 주고 있는 걸 보아라／아직도 천 년 전의 되풀이다"(《천년의 바람》 중)라고 노래하는 걸 보면 역시 숲의 시민, 바람의 이웃임에 분명한 시인.

사랑을 나무에 비유하면 어떤 나무가 될까? 박재삼 시인에게 사랑의 비유는 감나무다. 허나 그 감나무 여염하지 않다. '제대로 벋을 데가 저승밖에 없는' 나무다. 이승에서는 다 못할 사랑 아닌가. 게다가 그 사람의 등 뒤로나 벋어나가는 혼자의 사랑이다. 그 사람의 머리 위에서 마지막으로 '휘드려지는', 그렇게 함으로써 그 사람의 빛이 되는 사랑은 '한恨'에 다름 아니다. 한 치의 원망도 절망도 없는, 마음의 순리를 따라가서는 마침내 '느꺼운 열매'가 되는 사랑이야말로 '성실'히 이승을 살게 하는 근원적 동력이 아니고 무엇이랴.

   그러한 깊은 눈으로 얻어낸, 누구나 할 것 없이 사랑은 아픔일지 모른다는, 질문이며 동시에 독백인, "그 사람도 이 세상을/ 설움으로 살았던지 어쨌던지/ 그것을 몰라, 그것을 몰라!"라는, 리듬을 보라. '그것을 몰라,' 와 '그것을 몰라!' 사이에 흐르는 침묵과, 속울음과, 아득함을, 서편제의 계면조 같은 '한恨'을 보라.

   실은 감나무는 가장 흔한 우리네 유실수다. 그럼에도 가을 어느 하루 이웃의 마당가에 잎을 떨구며 서 있는 감나무를 물끄러미 쳐다보면서 우리는 느끼는 바가 있지 않을 수 없다. 그 모습은 인간의 전생애를 보여주고도 남는다. 그래서였던지. 화가 근원(近園 김용준)과 수화(樹話 김환기)가 이어 살았던 집의 이름이 '노시산방老枾山房'이요, 박용래의 집도 '홍시紅枾있는 골목'이었다.

   "마음도 한자리 못 앉아 있는 마음일 때, / 친구의 서러운 사랑 이야기를/ 가을 햇볕으로나 동무 삼아 따라가면,/ 어느새 등성이에 이르러 눈물나"(〈울음이 타는 가을강〉 중)는 가을이다. '서러운 사랑 이야기'가 골목마다, 오솔길마다, 지붕마다 '지글지글 타는' 가을이고 그 '등성이'에 우리는 지금 서 있다!

                                                                            장석남

민들레

신용목

가장 높은 곳에 보푸라기 깃을 단다
오직 사랑은
내 몸을 비워 그대에게 날아가는 일
외로운 정수리에 날개를 단다

먼지도
솜털도 아니게
그것이 아니면 흩어져버리려고
그것이 아니면 부서져버리려고

누군가 나를 참수한다 해도

모가지를 가져가지는 못할 것이다

사랑이 아니면 부서져 버리리라

　신용목(34)은 젊은 시인이다. 요즘 젊은 시인들 시가 너무 난해하다고 고개 젓는 독자분도 많지만, 오해를 푸시길. '진정성'이라는 말이 낡아 보이긴 해도 예나 지금이나 '진정성' 있는 시의 마음은 통하게 되어 있으니. '진정성'이라는 낡고 오롯한 마음을 바꾸어 말하면 곧 사랑의 마음이겠다. 신용목은 삶에 대한 조촐한 사랑의 마음이 시의 근원자리임을 아는 시인이다. 그래서 신용목은 동시대 사람들의 남루한 삶의 곡절에 진득하니 귀 기울인다. 시를 짓는 그의 태도는 담박한 낡음을 옹호하고 그가 펼쳐 보이는 시의 감각은 청신한 젊음을 섭렵한다. 좋은 궁합이다.

　이 시〈민들레〉는 '오직 사랑'을 향한 간결하고 빛나는 뼈대를 담백하게 드러낸다. 모호함으로 무언가를 감추려 하지도 과장되게 드러내려 하지도 않는다. 설명이 필요 없다. 심심해서 그에게 이 시를 쓴 때가 언제쯤인지 물었다. 대학을 졸업할 즈음 왠지 자꾸 실연당한 기분이 들었단다. 실제로 실연당한 것도 아닌데! 세상이 나만 왕따 시키는 것 같은 꿀꿀한 느낌도 그 비슷한 언저리에 있을

게다. 질풍노도의 청춘에 자신이 믿었던 신념, 그 것을 실천하는 일의 어려움, 당장 코앞에 닥친 먹고 사는 문제 등이 난마처럼 얽혀 안팎으로 우울하던 때를 겪으며 문득 이런 생각이 들더란다. 사랑이란 '있지도 않은 약속' 같은 거라는. 그리고 사랑이란 '있지도 않은 약속을 꼭 지키고 싶다는 다짐' 같은 거라는. 어느 날 문득 스스로에게 다짐하기를, 있지도 않은 약속일지 모르지만 자신을 다 걸자!고 했단다. 그렇게 자신을 다 거는 사람만이 고독할 자격이 있는 것 같다고 사투리 섞인 어눌한 말투로 그가 말한다. 햐! 환하다. 있지도 않은 약속에 자신을 다 걸고 처형되는 민들레처럼.

'밤의 입천장에 박힌 잔 이빨들, 뾰족하다// 저 아귀에 물리면 모든 罪가 아름답겠다// 독사의 혓바닥처럼 날름거리는, 별의 갈퀴// 하얀 독으로 스미는 罪가 나를 씻어주겠다'(《별》). 죄를 씻는 것이 사랑임을, 사랑으로 스스로를 정화하기 위해 사랑의 뾰족한 이빨에 기꺼이 물려야 함을 그는 알고 있다. 아직 젊은데 이 조숙함은 어디서 왔을까. 하긴 그는 지상의 남루를 견디는 갈대들, 그 아버지들 뼛속 바람까지 보는 아들이다. '(…)바람의 목청으로 울다 허리 꺾인 가장家長// 아버지의 뼈 속에는 바람이 있다 나는 그 바람을 다 걸어야 한다'(《갈대 등본》). 지상의 쓸쓸한 어버이들이여. 수고를 그만 떨치시고 다음 세대로 확산되는 사랑의 풍욕을 즐기시길. 시인 아들이 걸어서 도착할 바람의 끝에서 새로운 사랑의 역사를 받으시길!

김선우 ※

질투는 나의 힘

기형도

아주 오랜 세월이 흐른 뒤에
힘없는 책갈피는 이 종이를 떨어뜨리리
그때 내 마음은 너무나 많은 공장을 세웠으니
어리석게도 그토록 기록할 것이 많았구나
구름 밑을 천천히 쏘다니는 개처럼
지칠 줄 모르고 공중에서 머뭇거렸구나
나 가진 것 탄식밖에 없어
저녁 거리마다 물끄러미 청춘을 세워두고
살아온 날들을 신기하게 세어보았으니
그 누구도 나를 두려워하지 않았으니
내 희망의 내용은 질투뿐이었구나
그리하여 나는 우선 여기에 짧은 글을 남겨둔다
나의 생은 미친 듯이 사랑을 찾아 헤매었으나
단 한 번도 스스로를 사랑하지 않았노라

유일하게 남은 희망이 '질투' 라니!

저녁 거리에 서서 물끄러미 추억을 바라본다. 오래 된 책을 펼칠 때 툭, 발등으로 떨어져 내리는 것을 만난 적 있을 것이다. 그곳엔 오래 전, 그러니까 지금보다 훨씬 눈이 밝았을 때, 지금보다 훨씬 외로웠을 때, 지금보다 훨씬 미숙했을 때의 자화상이 들어있게 마련이다. 사랑하던 사람이 하나쯤 그때 모습 그대로 어룽거리며 걸어 나온다. 그중 십중팔구는 지금은 만날 수 없는 사람이 되어 있을 것이다. 이미 화석이 된, 그 가슴 에이는 '사랑의 시간'을 미리 떠나가서 뒤돌아보는 시가 바로 이 시다. 그는 죽음을 미리 예감한 것만 같다.

'사랑'이란 말은 생각의 양, 즉 '사량思量'의 변형이라는 설이 있다. 기형도(1962~1989)는 마음에 상념이 얼마나 많았으면 '공장을 세웠다'고 했을까. 사랑이 아니라면 그만한 상념일 수는 없으리. 그러나 그 '너무나 많은 공장'의 생산물들을 기록하는 것은 '어리석은 일'이었다. 왜냐하면 '탄식'만을 남겼기 때문이다. 유일하게 남은 희망이 '질투'라니! 잔인하다. 질투만 없어도 사랑은 얼마든지 할 만한 것 아니던가! 질투는 그래서 사랑의 저주일지도 모를 일. 이 질투를 앓는 자, 지금 '저녁 거리마다 물끄러미 청춘'을 세워 두었다. 그 청춘이 얼마나 긴 그림자를 남겼는지는 여백에 속한다.

기형도의 유품 중 어느 책갈피엔가 지금도 이러한 글귀가 적힌 쪽지가 꽂혀 있을 것을 생각하면 가슴이 저릿하다. '나의 생은 미친 듯이 사랑을 찾아 헤매었으나/ 단 한 번도 스스로를 사랑하지 않았노라'. 인생은 사랑을 찾아 헤매다 죽는 것인가? 아마 그럴 것이다. 그 사랑의 농도를 열정이라 하리라. 그는 침침한 심야의 극장에서 그만 청춘의 마지막 숨결을 놓아버렸다. 사후에 나온 유일한 그의 시집은 이후 90년대에 등장하는 젊은 시인들에게 강력한 자기력을 띤 것이기도 했다.

"너 좋아하던 시인이 죽었대…." 신경숙 선배의 더듬거리는 전화 목소리가 들려오던 그 가을날의 스산한 오후가 엊그제 같다. 기형도 시인은 태생지가 내 이웃의 섬이어서 친연성이 있었던지 내 시를 유심히 읽어주고 격려해주던 고마운 선배였다. 인사동의 한 카페에서 한 달에 한 번 열렸던 시 합평회가 끝나면 우리들은 돌아가면서 노래를 불렀다. 우리 모두 가난한 손님들이었던 시절 듣던 그의 노랫소리는 이후로도 오랫동안 마음을 먹먹하게 했다.

그날 저녁 적십자 병원 영안실의 차디찬 형광불빛을 빠져나오며 나는 한없는 아쉬움에 가슴이 조였다. 따져보니 내년이 20주기다. 유서와 다름없는 그의 마지막 시 '사랑을 잃고 나는 쓰네// 잘 있거라, 짧았던 밤들아…'(《빈집》). 어느 침침한 술집에 들어 촛불이라도 켜놓고 읽어야 하리라.

장석남

원시

오세영

멀리 있는 것은 아름답다.
무지개나 별이나 벼랑에 피는 꽃이나
멀리 있는 것은
손에 닿을 수 없는 까닭에
아름답다.
사랑하는 사람아,
이별을 서러워하지 마라,
내 나이의 이별이란 헤어지는 일이 아니라 단지
멀어지는 일일 뿐이다.

네가 보낸 마지막 편지를 읽기 위해선 이제
돋보기가 필요한 나이,
늙는다는 것은
사랑하는 사람을 멀리 보낸다는
것이다.
머얼리서 바라볼 줄을
안다는 것이다.

닿을 수 없는 까닭에 아름다운 사람아

'나이 듦'을 스스로 인정하게 되기까지 넘게 되는 고비가 있다고 한다. 한동안은 자신의 원시遠視를 감추게 된다고. 눈앞이 가물거려도 깨알 같은 글씨로 쓰인 레스토랑 메뉴판을 멀찍이 들고 보는 일 같은 건 절대 하지 않는다는 것. 그렇게 갈등하는 시기를 지나다 보면 어느 순간 자신의 '나이 듦'을 인정하게 되는 때가 오는데, 이제 돋보기가 필요하겠다고 앞에 앉은 사람에게 솔직히 털어놓게 된단다. 그리고 말한다. '젊은 척' 하지 않아도 되는 순간부터 얼마나 편안한지 모르겠다고! 나이 든 내 언니들 얘기다.

젊음은 아름답지만 젊음에 집착하는 것은 아름답지 않다. 세월을 막을 수 있는 육체는 없다. 반면에 청춘의 시절엔 절대로 알 수 없는 세계가 나이 들면서 펼쳐진다는 측면에서 인생은 영원한 미지다. 오세영 시인(66)은 나이 들며 생기는 이 새로운 미지를 원시遠視라는 키워드로 사뿐히 들어올린다. 그리하여 시인에겐 조금 멀어지는 일이 이별이다. 그것은 손에 닿을 수 없는 까닭에 아름답다. 무엇이든 내 손안에 쥐고 있어야 안심하는 젊음으로부터 여러 걸음 떨어진 뒤안길에서 손에 닿지는 않지만 내 손끝에서 악기가 되어 울리는 사랑. 이렇게 여러 겹의 무늬로 인생이라는 긴 여행의 벗이 되는 사랑은 참으로 신비이지 않은가.

〈원시遠視〉는 지금까지 17권의 시집을 낸 시인의 여섯 번째 시집 《꽃들은 별을 우러르며 산다》에 실려 있다. 지천명의 나이에 출간된 아름다운 연시집인 이 시집의 서문에는 이런 말이 적혀 있다. '완전한 삶이란 무엇일까. 나는 아직 모른다. 그러나 내게 있어 시가 그에 가까워지려는 노력의 소산인 것은 분명하다. 나는 또한 그것이 사랑 같은 것의 토대 위에서 이루어지는 어떤 정신적 가치가 아닐까 생각해본다.' '사랑'이라고 말하지 않고 '사랑 같은 것'이라고 쓰고 있는 시인의 마음을 헤아려본다. 원시遠視의 여유와 지혜. 내 식대로 단정 짓지 않고 '머얼리서' 바라보는 원시의 원숙함이 평생토록 시작詩作과 함께 시론을 탐구해 온 그에게서 오롯이 드러난다.

한 잔의 차를 마시며 헤어짐을 생각하는 시인의 눈에 '무지개'며 '별'이며 '꽃'들이 가물가물 흔들린다. 시인의 눈동자에 잔잔히 피어오르는 일몰은 누가 보낸 편지일까. 김명인 시인은 오세영 시인을 가리켜 '은근한 댄디'라 했다. 김승희 시인은 '무아의 바람 속을 달리는 보헤미안'이라 했다. 이제 꿈꾸는 가을은 스스로 저만치 멀어져서 꿈꾸는 가을이며, 이별은 멀리서 껴안아보는 이별이다. 이별은 노시인의 연인이 되어 가슴에서 달 가듯이 함께 간다. '이별을 서러워하지 마라'고 시인이 어깨를 툭 친다. 따뜻한 거리, 원시의 총총한 눈도장들!

김선우 ※

한 그리움이 다른 그리움에게

정희성

어느날 당신과 내가
날과 씨로 만나서
하나의 꿈을 엮을 수만 있다면
우리들의 꿈이 만나
한 폭의 비단이 된다면
나는 기다리리, 추운 길목에서
오랜 침묵과 외로움 끝에
한 슬픔이 다른 슬픔에게 손을 주고
한 그리움이 다른 그리움의
그윽한 눈을 들여다볼 때
어느 겨울인들
우리들의 사랑을 춥게 하리
외롭고 긴 기다림 끝에
어느날 당신과 내가 만나
하나의 꿈을 엮을 수만 있다면

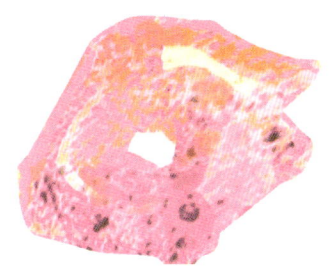

70년대, 그 '가파른 시대'의 사랑

시집 《저문 강에 삽을 씻고》에 실린 정희성 시인(63)의 얼굴을 바라본다. 젊은 시절의 모습이다. 단호함과 함께 신중한 결기 같은 것이 느껴진다. 다른 시집 《詩를 찾아서》와 《돌아다보면 문득》에 실린 사진들도 차례로 바라본다. 그대로 부드럽고 편안하다. 이제는 노경이라고 해도 실례가 되지 않을 것이다. 거기 실린 시들도 그 사진의 모습들과 크게 다르지 않다.

위의 시는 젊은 시절 이른바 '가파른 시대'의 사랑을 노래하고 있다. 그는 《詩를 찾아서》의 후기에 "내가 시를 쓰기 시작한 1970년 이후 20년 간은 가파른 시대였다(…) 유신에 반대하던 나의 벗들은 직장에서 쫓겨나고 감옥에 갇힌 바 되었다. 마침내 나는 고전적인 시인이 되기를 포기하고 현실적인 시인이 되려고 노력하게 되었다"라고 고백하고 있다. 그래서 '한 슬픔이 다른 슬픔에게 손을' 주고 '그윽한 눈을 들여다볼 때/ 어느 겨울인들/ 우리들의 사랑을 춥게 하리'라고 '겨울'의 사랑을 노래한다. 그 사랑은 사랑 자체의 온도를 노래하지 못한다. '하나의 꿈'을 향한 사랑이고 그 사랑은 일종의 동지적 관계처럼도 보인다. 그래서 더 쓸쓸하다. 사랑을 하고 또 사랑을 노래해도 늘 시대의 고뇌를 동반해야 했던 비극이 가난한 시절의 옷가지들처럼 쓸쓸하게 비치는 것이다. 사랑의 뜨거운 온도 대신 깊게 가라앉은 '희망'을 어렵사리 불러내야 하는 힘겨운 주인공들을 바라보라. 파김치가 되어 힘겹게 만남을 이어가는 가난한 젊은 연인의 모습이 떠올라 안쓰럽기만 하다. 그럼에도 내면에는 서로가 씨줄과 날줄이 되어 '비단'을 만들어보자 하는 꿈이 꿈틀대고 있으니 사랑은 얼마나 위대한 생존의 에너지인가.

시인은 그 시대를 벗어난 어느 날 문득 봄이 오려는 기미를 이렇게 노래한다. '이제 내 시에 쓰인/ 봄이니 겨울이니 하는 말로/ 시대 상황을 연상치 마라/(…)/ 나는 사랑을 시작했네/ 저 산에도 봄이 오려는지/아아, 수런대는 소리'(《봄 소식》). 그 봄이 온다는 것은 다름 아니라 '사랑을 시작했다'는 것. 이제 겨울이 가

고, 아니 겨울을 이기고 봄이 오는 순리처럼 시대를 벗어난 순연한 사랑을 시작했다는 고백이 두 편의 시의 간격을 메우며 환희롭다.

'꽃대궁만 있고 잎은 보이지 않았다/(…) / 꽃이 잎을 만나지 못한다는 상사화/(…)/ 보고 싶어도 볼 수 없는 마음인 게라고/ 끝없이 저잣거리를 걷고 있을 우바이/ 그 고운 사람을 생각했다.' 《시를 찾아서》)고 잔잔한 사랑의 물결 속을 걷는 사람을 그는 노래한다. 어느 자리에선가 조용히 어린아이처럼 걱정에 가득 찬 표정으로 노모를, 또 가정사의 사소한 걱정을 아주 아주 진지하게 털어놓던 순수한 음성도 생각난다.

장석남

그대에게 가고 싶다

안도현

해 뜨는 아침에는
나도 맑은 사람이 되어
그대에게 가고 싶다
그대 보고 싶은 마음 때문에
밤새 퍼부어대던 눈발이 그치고
오늘은 하늘도 맨 처음인 듯 열리는 날
나도 금방 헹구어낸 햇살이 되어
그대에게 가고 싶다
그대 창가에 오랜만에 볕이 들거든
긴 밤 어둠 속에서 캄캄하게 띄워 보낸
내 그리움으로 여겨다오
사랑에 빠진 사람보다 더 행복한 사람은
그리움 하나로 무장무장
가슴이 타는 사람 아니냐

진정 내가 그대를 생각하는 만큼
새날이 밝아오고
진정 내가 그대에게 가까이 다가가는 만큼

이 세상이 아름다워질 수 있다면
그리하여 마침내 그대와 내가
하나되어 우리라고 이름 부를 수 있는
그날이 온다면
봄이 올 때까지는 저 들에 쌓인 눈이
우리를 덮어줄 따뜻한 이불이라는 것도
나는 잊지 않으리

사랑이란
또 다른 길을 찾아 두리번거리지 않고
그리고 혼자서는 가지 않는 것
지치고 구멍난 삶을 데리고
그대에게 가고 싶다
우리가 함께 만들어야 할 신천지
우리가 더불어 세워야 할 나라
사시사철 푸른 풀밭으로 불러다오
나도 한 마리 튼튼하고 착한 양이 되어
그대에게 가고 싶다

사랑이란 그대의 앞이 아닌 옆에 서는 것

대학 입학시험을 마친 고3 졸업 무렵, 강릉 경포 바닷가 윌(will)이라는 카페에서 안도현(47)의 첫 시집 《서울로 가는 전봉준》을 읽었다. 옆에 진눈깨비 몰아치던 바다가 있었다. '그대 떠나기 전에 우리는/ 목쉰 그대의 칼집도 찾아주지 못하고/ 조선 호랑이처럼 모여 울어주지도 못하였네/ 그보다도 더운 국밥 한 그릇 말아주지 못하였네/ 못다 한 그 사랑 원망이라도 하듯/ 속절없이 눈발은 그치지 않고/ 한 자 세 치 눈 쌓이는 소리까지 들려오나니'(《서울로 가는 전봉준》 부분). 바다로 내리는 진눈깨비는 한 자 세 치는커녕 바닷물에 닿자마자 사라져갔다. 왜일까. 심장에 무거운 바윗돌을 얹은 것처럼 열여덟 살의 나는 서러웠다. 1987년 겨울이었다.

안도현은 한결같은 '연애쟁이'다. 20년 넘게 참으로 줄기차게 시와 연애하고 있는 그는 말한다. "시와 삶이 궁극적으로 완전한 하나가 되지는 못한다 할지라도, 거의 하나에 가까워지도록 만드는, 그 둥글디 둥근 꿈만은 결코 포기하지 못하겠노라"고. 시와의 연애가 자기 삶의 전부라는 듯 닥치는 대로 털어서 시 쓰고 시를 설파하고 시를 찬양하는 그의 애정 공세는 낭만주의자의 연애법. 이 낭만주의자는 세상의 소소한 것들에서 흘러나오는 생동감을 특유의 통찰력으로 이끌어내어 따뜻한 서정을 빚는다. 낭만이 사라지는 시대에 안도현 같은 낭만주의

자가 한 가마니쯤 있어주면 좋겠다. 그러면 빈한한 세속의 삶이 조금은 위로 받을 수 있을 텐데.

'너에게 가려고// 나는 강을 만들었다// 강은 물소리를 들려주었고/ 물소리는 흰 새떼를 날려 보냈고/ 흰 새떼는 눈발을 몰고 왔고/ 눈발은 울음을 터뜨렸고// 울음은 강을 만들었다/ 너에게 가려고'(《강》) 가히 사랑의 연기법緣起法이라 할만하다. 표면이 아닌 이면의 역사를 상상하는 안도현의 이런 노래가 흘러가서 여치소리를 듣는 방법을 보자. '여치소리를 듣는다는 것은/ 여치소리가 내 귀에 와 닿기까지의 거리를 생각하는 것/(…)/ 외롭다든지 사랑한다든지 입 밖에 꺼내지 않고/ 나는 여치한테 귀를 맡겨두고/ 여치는 나한테 귀를 맡겨 두는 것'(《여치소리를 듣는다는 것》 부분)이란다. 나는 무릎을 친다. 대상에 대한 공경이 만드는 이런 일치와 이런 거리. 안도현에 따르면 사랑이란 정면에 서는 게 아니라 옆에 서는 것이다. 옆에 서서 서로에게 간격과 틈을 허락하고, 그 사이로 강물이 들고 나고 여치소리가 스미는 것을 바라보고 듣는 일이란다. 그게 바로 사랑이란다. 여러분 생각은 어떠하신지.

김선우 ※

세상의 등뼈

정끝별

누군가는 내게 품을 대주고
누군가는 내게 돈을 대주고
누군가는 내게 입술을 대주고
누군가는 내게 어깨를 대주고

대준다는 것, 그것은
무작정 내 전부를 들이밀며
무주공산 떨고 있는 너의 가지 끝을 어루만져
더 높은 곳으로 너를 올려준다는 것
혈혈단신 땅에 묻힌 너의 뿌리 끝을 일깨우며
배를 대고 내려앉아 너를 기다려준다는 것

논에 물을 대주듯
상처에 눈물을 대주듯
끝 모를 바닥에 밑을 대주듯
한 생을 뿌리고 거두어
벌린 입에
거룩한 밥이 되어준다는 것, 그것은

사랑한다는 말 대신

너에게 한 공기 '밥' 같은 존재가 되리

　나주羅州라는 남도의 유서 깊은 고을이 있다. 어느 핸가 가보았다. 그 이름처럼 곱고 고즈넉했다. 비단 고을이라니. 그곳은 들녘도 이름난 데라 가을이면 비단 폭을 펼쳐놓은 듯 하였겠구나 생각했었다. 더구나 저녁 노을은 들과 하늘을 붉은 비단결로 하나로 묶는 장관이었는데, 그러한 들로는 물이 모이고 길이 모이고 시선이 모인다. 또 그에 따른 기쁨과 아픔도 모여서 위로를 청하고 즐거움을 나눈다. 정끝별(44) 시인은 그곳이 태생지라 한다. 시인은 하는 수 없이 그 산천을 닮았겠으나 그 '사람'을 알아 갈수록 더더욱 그 이름과 시와 더불어 아주 아주 맞춤이다. 넉넉한 들과 유장한 노을 빛깔에 더한 초롱한 별이라니. 그의 마음의 소출인 이 시 또한 그러하다.

　'품'과 '돈'과 '입술'과 '어깨'를 대주는 누군가의 보살행 없이는 어떤 하찮은 생명도 부지하지 못한다. 하물며 현존하는 '나'라니! 내가 나 아닌 누군가의 품과 돈과 입술과 어깨로 이루어진 것이라는 사실을 깨달았을 때, 다시 나는 '나의 전부'로 '무작정' 너의 떨고 있는 '가지 끝'과 '혈혈단신 묻혀 있는 뿌리 끝', 그러니까 너의 전부를 일깨우며 가장 낮은 자리에서 기다려주어야 한다고, 그것이 사랑하는 일임을 말한다. '한 생을 뿌리고 거두어' '벌린 입'으로 들어가는 '밥'이 되어주는 거룩함! '사랑한다는 말 대신' '밥'이 되라는, 즉 생명이 되라는 메시지를 이 시는 담고 있다.

'사랑한다는 말 대신'이라는 한 줄짜리 한 연을 눈여겨보자. 아무런 느낌도 감동도 없는 '사랑한다'는, 너무나 흔해진 말의 무의미함을 이 시는 질타하고 있기도 하다.

'밥 하면 말문이 막히는/ 밥 하면 두 입술이 황급히 붙고 마는/ (…)/ 아, 하고 벌린 입을 위아래로 쳐다보는/ 반쯤 담긴 밥사발의// 저 무궁, 뜨겁다! 밥'(《까마득한 날에》)하고 '저 무궁' 생명의 원천을 다시 한번 노래할 때 그의 마음 바닥은 나주평야의 그것 아니고 무엇이랴. 그것은 무궁한 모성적 사랑이고 모든 떠도는 것들의 안식을 감싸주는 사랑이다. 밥을 끓여 구체적인 사랑을 현현하고 마음의 항구로서 방랑을 재운다. 시인은 '가까스로 저녁에서야/ 두 척의 배가/ 미끄러지듯 항구에 닻을 내린다/ 벗은 두 배가/ 나란히 누워/ 서로의 상처에 손을 대며// 무사하구나 다행이야/ 응, 바다가 잠잠해서'(《밀물》)라며 서로의 상처를 만져주는 사랑법을 노래한다. 그 사랑은 더 깊어진다. '질끈 감은 두 눈썹에 남은/ 봄이 마른다/ 허리띠가 남아돈다/ 몸이 마르는 슬픔이다/ 사랑이다/ 길이 더 멀리 보인다'(《춘수(春瘦)》)처럼 '길이 더 멀리 보이는', 사랑 너머까지가 보이는 혜안慧眼의 사랑이다.

장석남

파문

권혁웅

오래 전 사람의 소식이 궁금하다면
어느 집 좁은 처마 아래서 비를 그어 보라, 파문
부재와 부재 사이에서 당신 발목 아래 피어나는
작은 동그라미를 바라보라
당신이 걸어온 동그란 행복 안에서
당신은 늘 오른쪽 아니면 왼쪽이 젖었을 것인데
그 사람은 당신과 늘 반대편 세상이 젖었을 것인데
이제 빗살이 당신과 그 사람 사이에
어떤 간격을 만들어 놓았는지 궁금하다면
어느 집 처마 아래 서 보라
동그라미와 동그라미 사이에 촘촘히 꽂히는
저 부재에 주파수를 맞춰 보라
그러면 당신은 오래된 라디오처럼 잡음이 많은
그 사람의 목소리를 들을 수 있을 것이다, 파문

오래된 라디오 같은… 그 사람의 목소리

 당신의 짝꿍은 어느 편에 서길 좋아하는지? 우리는 습관적으로 누군가의 왼편 혹은 오른편에서 걷거나 손을 잡거나 팔짱을 낀다. 비 오는 날이면 오른편이나 왼편 어깨가 살짝 젖으리라. 내 오른편이 젖을 때 나와 반대편 방향을 적시며 나와 함께 가는 사람이 있다는 것, 그것만으로 한없이 감사한 가을이다. '오래된 라디오 잡음처럼' 슬퍼지기 전에 지금 열심히 그에게 말해주어야 한다. 사랑한다, 사랑한다, 사랑한다고.

 낙숫물이 떨어져 만드는 파문波紋과 파문 사이, 더 이상 파문이 생기지 않는 '부재'로부터 오래 전 사람의 목소리를 듣는 것은 슬픈 일이다. 부재와 부재 사이에 파문이 일고 파문과 파문 사이에 부재가 혼재하는 게 삶이라고, 본디 삶이 그렇게 생겨먹은 거라고 시는 말하는 듯도 하다. 현실의 우리는 외롭다. 시인도 외롭다. 비 오는 날 어느 집 처마 아래 서 보라. 아무래도 부재보다 파문을 가진 삶이 조금은 더 견딜 만하리라. 조금은 덜 외로우리라.

    이 시는 시인이자 문학평론가인 권혁웅(41)의 첫 시집에 첫 번째로 실려 있는 시다. 그는 작년에 권혁웅식 연애시집이라 할 만한 《그 입술에 얼굴을 대다》라는 세 번째 시집을 내놓았고, 그 시집을 읽으며 나는 첫 시집의 《파문》을 떠올렸다. '그 사람은 당신과 늘 반대편 세상이 젖었을 것인데'라고 알아채는 몸의 감각은 연애의 감각과 상통하는 것이니! '파문'은 사랑의 감각으로, '부재'는 신화의 감각으로 진화해서 《그 입술에 얼굴을 대다》라는 연애시집이 꾸려졌으리라.

'이리저리 떠다니는 계란 노른자처럼 그 사람 쪽으로 중심이 조금 옮겨 가는 일'(《먼 곳의 불빛》 부분)인 연애의 풍경을 권혁웅은 해부학적인 미감을 가지고 구체화한다. 파문과 파문 사이의 부재를 마치 신경줄을 세는 듯한 감각으로 이야기하고 노래한다. 공부하기 좋아하는 영판 학자 같은 그가 다음과 같은 시를 선보일 때는 어떤가. '강물이 오래 흘러왔다고 말할까/ 흐르면서 제가 아는 빛이란 빛은 다 깨부수어/ 제 몸에 섞였다고 할까/ 젖꽃판 사이에 얼굴을 묻고 흘렸던 그의 눈물이/ 종지(終止)도 휴지(休止)도 없이 이어져/ 저렇게 복리로 불어났다고 말할까'(《그래서 저렇게 글썽인다고》 부분). 이 시의 부제는 '젖가슴'이다. 여기엔 값싸게 대상화되고 소비되는 육체의 섹시함이 아닌, 사금파리처럼 고독한 에로스의 진풍경이 있다. 그 때문에도 저렇게 글썽인다. '당신과 그 사람 사이'에 파문은 계속된다.

김선우 ✽

사랑 사랑 내 사랑

오탁번

논배미마다 익어가는 벼이삭이
암놈 등에 업힌
숫메뚜기의
겹눈 속에 아롱진다

배추밭 찾아가던 배추흰나비가
박넝쿨에 살포시 앉아
저녁답에 피어날
박꽃을 흉내낸다

눈썰미 좋은 사랑이여
나도
메뚜기가 되어
그대 등에 업히고 싶다

사랑에 빠졌을 때 우리는 '온몸이 눈동자'

살아가다 보면 눈目이 많아지는 때가 있다. 사랑에 빠졌을 때 우리는 그리움의 눈을 수도 없이 가지게 된다. 바람으로라도 '그 사람'에게 가려고 하고 돌멩이라도 되어서 그 사람의 발치에 놓여있고 싶다. 그 사람의 주변에 무엇이든 되어서 그의 눈에 띄고 싶고 그 사람을 바라보고 싶다. 그때 우리의 눈은 신체를 의미하지 않는다. 만상萬象이 다 눈이 되어버리는 것이다.

보고 싶은 사람을 볼 수 없을 때, 막연히 길을 나서 보는 심사를 안다. 목적지가 없어서 한없이 느리고 둥그렇게 되돌아오는 발걸음이다. 사랑이 시작되는 사람의, 그 '나섬'과 '돌아옴'의 동시적인 산보散步는 누군가의 말처럼 '온몸이 눈동자'가 되는 순간일지도 모른다.

온몸이 눈동자가 되어 가을 들판을 간다. 여름나기의 힘겨움을 넘긴 수척한 걸음이다. 바람은 서늘하고 몸은 가볍다. 사랑하는 사람은 마음 속에 있다. 마음 속에서 투명한 몸짓으로 내내 나보다 더 크고 더 많은 '나'로 살아가고 있다. 문득 어느 논배미에 이르고 거기서 메뚜기들의 사랑을 엿본다. 평시 같으면 아무렇지도 않은 일이지만 이 '온몸의 눈동자'에 비친 모습은 예사롭지 않다. 메뚜기의 '겹눈'속에 '익어가는 벼 이삭'이 '아롱져' 있다. '겹눈'이 의미하는 생물학적 차원을 떠나 '나'는 사랑에 열중인 메뚜기의 무궁한 눈동자를 통해 벼 이삭을 바라본다. 그 벼 이삭을 그저 풍요와 결실의 상징으로만 읽지는 말자. 여물

어갈수록 수굿이 휘어지는 그 '둥긆'과 그것의 힘겨움까지 모두 의미를 갖는 것이므로.

   그 짧은 산보의 막바지였을지 모른다. 인가에 다다랐을 것이다. 거기서 만난 박넝쿨에 앉아 쉬는 '배추 흰나비'는 '저녁답에 피어날 박꽃'의 '흉내'다. '저녁답의 박꽃'은 사랑이 환하게 피어날 순간을 예감케 한다. 나비의 날갯짓을 상상해 보자. 숨죽이고 고요히 두근대는 동작이 아니던가. 사랑은 그래서 제 마음을 닮은 사물들을 발견해내는 '눈썰미 좋은' 시간이 된다. 그리움과 기다림의 열락을 자연의 미묘한 풍경을 통해 드러내고 있는 것이다. 제목 '사랑 사랑 내사랑'은 판소리 춘향전 중에 '업고 노는 대목'을 연상하라고 그렇게 '낡게' 지었을 터.

   오탁번 시인(65)은 지금 개인 문학관인 원서헌遠西軒에 머물고 있는지 모른다. 늘 가까이 미소와 향기로 그를 지키는 이가 있으니 부인 김은자 시인이다. 오 시인은 '나의 꽃이 너의 꽃으로 날아가/ 이슬 방울로 빛나는 사랑/ 눈물 빛의 사랑을 표현할 수 있다면'(〈꽃과 눈물〉)과 같이는 결코 표현할 수 없었나 보다. 그래서 '아내여 미운 아내여'라고 하고는 '다음 생에서 또 만나/ 하늘을 날아가'(〈철새〉)자고 다짐했을까.

장석남

찔레

이근배

창호지 문에 달 비치듯
환히 비친다 네 속살꺼정
검은 머리칼 두 눈
꼭두서니 물든 두 뺨
지금도 보인다 낱낱이 보인다
사랑 눈 하나 못 뜨고 헛되이 흘려버린 불혹
거짓으로만 산 이 부끄러움
네게 던지마 피 걸레에 싸서
희디흰 입맞춤으로 주마
내 어찌 잊었겠느냐
가시덤불에 펼쳐진 알몸
사금파리에 찔리며 너를 꺾던
새순 돋는 가시 껍질 째 씹던
나의 달디단 전율을
스무 해전쯤의 헛구역질을

어찌 잊으리, 첫사랑의 '달디단 전율'을

　산딸기, 싱아, 까마중, 찔레…. 어린 날 집 근처 산길에서 많이 따먹던 식물들이다. 산딸기는 복분자라 불리며 요즘은 재배도 하는 모양인데, 아무래도 복분자보다 산딸기가 예쁘다. 복분자의 한자 어원 때문에 술도 복분자주라 흔히 부르지만, 나는 아무래도 산딸기술이 좋다. 까마중도 싱아도 참 맛있었다. 달콤한 군입거리에 길든 요즘 아이들의 입맛으로는 까마중 열매나 싱아 같은 풀이 맛있을 리 없겠지만. 그러고 보니 잊힌 풀이름이 오늘날의 사람들에게 새롭게 기억되는 데 문학은 퍽 쓸모 있는 징검다리인 것 같다.

　찔레는 시인들의 사랑을 많이 받는 나무다. 그 이름 '찔레'만으로도 영감을 주지만 그 존재 자체가 어딘지 시와 사랑의 비유처럼 연결되는 특별한 식물 중

하나다. 이근배(68) 시인의 '찔레'도 사랑을 노래한다. 아릿하게 아픈 첫사랑의 느낌. 시는 '찔레'라는 이름의 어감과 찔레순의 씁쓰레하면서도 복잡 미묘한 맛, 찔레꽃의 청신한 향기까지 절묘한 그 어떤 사랑의 그림자를 찔레덤불에 겹쳐놓는다. 청춘, 이루지 못한 사랑, 뭐 이런 것들이 그 이름 위로 지나간다. 시는 연하게 돋아난 가시껍질을 벗겨내고 먹어야 하는 찔레순의 아릿한 저항의 느낌과 떫은 듯 입 안 가득 번지는 향기 속에서 머뭇거린다. 시인은 "어찌 잊었겠느냐"며 '달디단 전율'을 떠올리지만, 찔레순의 달콤함은 어딘지 까칠하고 성마른 달콤함이다.

　시인은, '찔려야 사랑'이라고 말하는 것일까. 거기엔 스스로 알몸인 채 자신의 가시를 기르며 펼쳐진 찔레덤불이 있고, 너를 꺾으며 내가 꺾인 순간들의 찔레순 향기가 번져오기도 한다. 가끔은 '새순 돋는 가시 껍질째 씹던' 청춘의 캄

캄캄함과 헛구역질이 있고, '사랑 눈 하나 못 뜨고 헛되이 흘려버린 불혹'이라는 고백을 '찔레'를 빌려서야 말하는 시인의 회한이 있다. 불혹이 되도록 사랑에 눈을 못 뜨면 인생에 이루어야 할 일이 도대체 무엇이겠는가. '거짓으로만 산 이 부끄러움'이라고 시인이 노래할 때 찔레 덤불 가시가 통째 아프다.

　이근배 시인의 또 다른 노래가 '찔레'에 겹쳐진다. '세상의 바람이 모두 몰려와/ 내 몸에 여덟 구멍 숭숭 뚫어 놓고/ 사랑소리를 내다가/ 슬픔소리를 내다가/(…)/ 잃어버린 여자의 머리카락이다가/ 달빛이다가/ 풀잎이다가/ 살아서는 만나지 못하는/ 눈먼 돌이다가/ 한 밤 새우고 나면/ 하늘 툭 터지는/ 그런 울음을 우는'《자진한 잎》부분) 시인이 찔레덤불에 겹쳐 우는 가을이다. 가을날 봄 꽃을 추억하는 아픈 날도 가끔은 있어라.

　　　　　　　　　　　　　　　　　　　　김선우

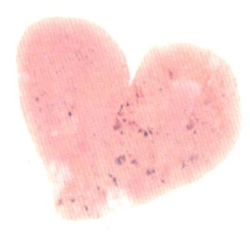

사랑의 역사

이병률

왼편으로 구부러진 길, 그 막다른 벽에 긁힌 자국 여럿입니다

깊다 못해 수차례 스치고 부딪힌 한두 자리는 아예 움합니다

맥없이 부딪혔다 속상한 마음이나 챙겨 돌아가는 괜한 일들의 징표입니다

나는 그 벽 뒤에 살았습니다

잠시라 믿고도 살고 오래라 믿고도 살았습니다

굳을 만하면 받치고 굳을 만하면 받치는 등 뒤의 일이 내 소관이 아니란 걸 비로소 알게 됐을 때

마음의 뼈는 금이 가고 천장마저 헐었는데 문득 처음처럼 심장은 뛰고 내 목덜미에선 난데없이 여름 냄새가 풍겼습니다

'상처'에 아픈 나, 그래도 심장은 또 뛰네

여행을 하다 보면 '사고 다발 지역'이라는 팻말을 볼 때가 있다. 길에도 사고가 잦은 길이 있다는 말이다. 안개가 잦은 곳이 있고 급커브 구역이 있다. 언덕과 고비가 있고 내리막까지 합하면 '길'은 어찌도 그리 삶을 닮았는지. 도시의 골목에서도 자칫 헛디뎌 크게 다치는 수가 있고, 제 방에서도 모서리에 부딪혀 죽는 수가 있다. 그렇게 익숙한 것에 다치는 것은 아마도 잠시 넋이 나갔기 때문일 것이다. 사랑할 때도 그렇게 넋이 나가 있기에 다치는 것인지도 모른다. '아주 넓은 등에 기대/ 한 시절 사람으로 태어나/ 한 사람에게 스민 전부를 잊을 수 있다면'(《아주 넓은 등이 있어》) 좋으련만 그것이 수월한 일인가. '한 사람에게' 인생 '전부'가 스몄다니!

그러한 '사랑의 역사'를, 말하자면 '인생 전부'가 스미는 사랑의 역사를 '막다른 벽'에 '긁힌 자국'들을 통해서 보여주는 것이 이 시다. 사랑에 빠진 자들만 골목의 벽에 부딪치는 것은 아니겠지만 그 '사고 다발 구역'에서 자신의 '상처의 역사'를 읽는 것이다. 이 시는 나아가 아예 그 벽 뒤에서 산 삶을 들춰낸다. '굳을 만하면 받치고 굳을 만하면 받치는 그 벽'은 그러나 내 의지가 어떻게 할 수 있는 데가 아니라는 것을 깨닫는다. 여전히 '뼈에 금이 가고 천장마저 헐어가도록' 망가져 가는데도 '처음처럼 심장은 뛰고' 목덜미에선 '여름 냄새'가 나니 어쩐 일인가. 사랑은 여전히 절망 같지만 희망이라는 깨달음!

이병률(41) 시인은 팔방미인이다. 방송작가이자 출판인이고, 때때로 세계를 떠도는 여행가이기도 하다. 여행을 하며 찍는 사진 실력도 프로급이다. 여행가답게 그의 시에는 길이 많이 등장한다. '장미 정원을 걸었다// 내 시는 이 한 줄이 전부여야 하는데 무어라 더 쓸 말을 찾는다'처럼 여행의 경이를 노래한 시들이 많

다. 그런데 그의 여행은 자신의 빈 자리를 바라보기 위한 여행이기도 하다. 사랑이 그의 여행을 추동하는 것일까. '누군가 내 집에 다녀갔다/ 화초에 물이 흥건하고 밥 지은 냄새 생생하다/ 사흘 동안 동해 태백 갔다가/ 제천 들러 이틀 더 있다 왔는데/ 누군가 내 집에 다녀갔다//(…)/ 나는 허락한 적 없는데 누군가는 내 집에 들어와/ 허기를 채우고 화초를 안쓰러워하다 갔다'《나비의 겨울》). 이렇듯 알 수 없는 누군가 내 집에 다녀가고 우리는 또 누군가의 '빈 집'을 눈물 철철 흘리며 다녀오기도 한다. 인간은 드문 경우를 빼고는 솔직히 단 한 번의 사랑을 하고 죽지는 않는다. '사랑의 역사'는 그래서 슬프다.

장석남

거미

김수영

내가 으스러지게 설움에 몸을 태우는 것은
내가 바라는 것이 있기 때문이다.

그러나 나는 그 으스러진 설움의 풍경마저 싫어진다.

나는 너무나 자주 설움과 입을 맞추었기 때문에
가을바람에 늙어가는 거미처럼 몸이 까맣게 타버렸다.

다가올 설움을 알기에 더 악착같이 사랑하리

　오랜만에 서울 나들이를 해, 지하철 안의 젊은 여자 둘이서 나누는 이런 대화를 들었다. "책을 선물하려는데 어떤 책이 좋을까?", "시집 어때? 아무래도 가을이니까!" 시 읽기 좋은 가을! 올해로 세상을 떠난 지 40주기를 맞는 김수영(1921~1968)을 생각한다. 사랑하는 사람을 만나기 위해 연인의 집 근처에서 베토벤의 교향곡 〈운명〉을 휘파람 불곤 했다는 김수영. 6·25 당시 거제도 포로수용소에서 야전병원장 통역관으로 일할 때 변화 없는 삶이 지겨워 "시간을 견디기가 너무 힘이 들어 이를 하나씩 뺐다"는 김수영. 술에 취하면 틀니를 빼 손수건에 싼 뒤 주머니에 넣고 다니는 그 때문에 부인은 시인이 만취해 돌아온 날이면 주머니에서 틀니부터 찾아내 컵 속에 넣어두었다고 한다. 평소처럼 주머니를 뒤졌는데 틀니가 없으면 그의 아내는 전날 그가 다닌 술집들을 시간 순서대로 다닌 끝에 어느 술집 들통에서 틀니를 찾아냈고, 김수영은 그것을 끼워주면 어린애처럼 좋아했다고 한다. 한국의 현역 시인치고 김수영을 거치지 않은 이가 없는, 시를 읽는 사람에 의해 매번 다른 김수영이 되는 김수영. 어느 날 교통사고로 훌쩍 가버린 뜨거운 심장의 김수영이 다시는 가질 수 없었던 그 가을이다.

그리고 보니 가을이 시 읽기 좋은 이유는, '가을바람에 늙어가는 거미처럼 몸이 까맣게 타버려서'가 아닐까. 지독히 비시적非詩的인 산문 문장을 그대로 시로 살려놓고 있는 이 시는 '가을바람에 늙어가는 거미처럼' 치 떨리게 서럽다. '몸이 까맣게 타버려서' 멀리 있는 사람의 가을까지 보인다. '여전히 바라는 것'이 있고, 나의 바람이 '으스러진 설움'이 될 것을 알기에 나는 악착같이 시를 쓰고 사랑하는 것이리라. '가을바람에 늙어가는 거미'가 '나'라고 말하지 않고 그냥 '거미'라고 말하면서! 그렇게 우리의 설움은 가뭇하게 타버리고 가을 찬바람처럼 맑아져 다시 오리라. 모든 사랑을 첫사랑이라 생각하면서, 첫사랑처럼 마지막 사랑에 몸서리치리라. 까맣게 몸을 태우면서.

  시 읽기 좋은 가을은 술 마시기도 좋다. 적당히 술에 취해 입 밖으로 낭송할 때 제 맛이 나는 시가 여럿 있지만 그 중에도 김수영의 '사랑의 변주곡'은 최고다. 퍽 긴 시이니 분위기와 속도감을 천방지축(!)으로 즐기면서 어느 술자리에서 맘 내키는 대로 읽어보시라. '욕망이여 입을 열어라 그 속에서/ 사랑을 발견하겠다 도시의 끝에/ 사그라져 가는 라디오의 재잘거리는 소리가/ 사랑처럼 들리고 그 소리가 지워지는/ 강이 흐르고 그 강 건너에 사랑하는/ 암흑이 있고(…)/ 왜 이렇게 벅차게 사랑의 숲은 밀려닥치느냐/ 사랑의 음식이 사랑이라는 것을 알 때까지'(《사랑의 변주곡》 부분) 아, 술 마시고 시 낭송 하고 싶은 가을이다. 시를 읽다가 울어도 용서되는 가을이다. 그리고 기억할 것. 김수영이 참말 좋은 것은, 그가 추종되기를 원치 않는다는 것!

김선우

달이 떴다고 전화를 주시다니요

김용택

달이 떴다고 전화를 주시다니요
이 밤이 너무 신나고 근사해요
내 마음에도 생전 처음 보는
환한 달이 떠오르고
산 아래 작은 마을이 그려집니다
간절한 이 그리움들을,
사무쳐오는 이 연정들을
달빛에 실어
당신께 보냅니다

세상에,
강변에 달빛이 곱다고
전화를 다 주시다니요
흐르는 물 어디쯤 눈부시게 부서지는 소리
문득 들려옵니다

휘영청 밝은 저 달은 당신 얼굴

섬진강 시인, 섬진강이 제 노래를 하기 위해 낳은 시인, 그래서 섬진강을 전담해서 다 노래하는 시인, 초등학교 2학년이 좋아 오랜 세월 2학년 담임을 전담했다던 선생님 시인, '집을 향하기 전에 2학년 1반 교실 유리창을 다 닫고 그 너머로 강변 마른 풀밭 풀잎 위에 남은 햇살들을 보'(〈나는 집으로 간다〉)는, 주로 1반만 있는 시골학교의 평생 평교사 시인, 처음 만난 자리에서도 스스럼없이 "나가 김용택인디!" 하는 타고난 붙임성의 시인, 까마득한 후배를 만나도 늘 다른 무엇도 아닌 "큰 성(형님)"이 되어 주는 시인, 약간 높은 톤으로 말하며 하하하! 웃는 시인, 콩 타작 마당에서 쥐구멍에 들어간 콩을 보며 〈콩, 너는 죽었다〉고 동시도 쓰는 시인, 연애시도 잘 쓰지만 막상 연애박사일 성싶지는 않은 순정파 시인, 지난 여름 아쉽게 퇴임한 할아버지 시인, 이해인 · 김훈 · 도종환 · 안도현 · 성석제 · 정호승 · 장사익 등 당대의 쟁쟁한 문인과 예인들로부터 퇴임을 위로하는 글 잔칫상 《어른 아이 김용택》(문학동네)을 받은 복 많은 시인, 김용택 시인(60)!

시를 보니 그는 '월인천강月印千江' 한 저녁, 그만 참을 수 없고 견딜 수 없어 연인에게 전화를 해댔구나. 한참을 망설이다가, 마당가를 서성이다가, 최대한 낮게 숨을 고르고 나서 '달이 떴다고, 섬진강 변이 너무나 환하고 곱다' 고 하고 싶은 말은 그러나 더 있었을 터. 그 말은 차마 못하고 더듬거리며 '달 이야기' 만 했을 것이다. 그런데 이심전심以心傳心, 척 알아듣고 이렇게 답을 보냈다. '사무쳐오는 이 연정들을/ 달빛에 실어/ 당신께 보냅니다.' 이렇게 말이다. 그렇다면 이 시를 쓴 이는 시인이 아니라 그 연인이어야 하는데 작가는 김용택 시인이라니 혹시 '슬쩍' 한 것인가? 그럴리야. 그러한 애틋하고도 향기로운 답을 받고 싶다는 간절한 소망과 그리움이 이 시가 된 것이리라. 그래서 스스로 전화하여 마음으로 말 걸고 스스로 답을 만들어 받은 것이 이 작품인 것이다. 절로 미소가 흘러나오는 행복의 순간 같지만 그 이면엔 쓸쓸함이 아침 안개처럼 흐르기도 한다. 물론 사실 그대로일 수도 있겠으나 더 아름다운 달이 뜨는 강변을 가진 연인을 상상하는 것은 아무래도 무리다.

김용택 시인은 농경 공동체를 온전하게 체험한 마지막 세대에 속한다. 그의 몸과 기억에는 근대 이전의 우리 공동체가 경험한 감각들이 고스란히 살아 있을 것이다. 그의 시는 그래서 '온전한' 고향의 노래이고 그가 노래한 사랑 또한 '오리지널'한 고향의 사랑 노래다. '내가 그냥 좋아했던 이웃 마을 그 여자/ 가을 해가 뉘엿뉘엿 지는 날/ 이 길 걸으면 지금도 내 마음 속에서 살아나와/ 저만큼 앞서가다가 뒤돌아다보며/ 단풍 물든 느티나무 잎사귀같이 살짝 낯을 붉히며 웃는,/ 웃을 때는 쪽니가 이쁘던 그 여자/ 우리나라 가을 하늘같이 오래 된 그 여자'《애인》에 나타나듯 그가 사랑한 '우리나라 가을 하늘같이 오래 된 그 여자'는 실은 우리들 모두의 저, 낮은 자리 마음이 늘 사랑한, 사랑할 그 여자다.

장석남 ✽

어느 사랑의 기록

남진우

사랑하고 싶을 때
내 몸엔 가시가 돋아난다
머리 끝에서 발끝까지 은빛 가시가 돋아나
나를 찌르고 내가 껴안는 사람을 찌른다

가시 돋친 혀로 사랑하는 이의 얼굴을 핥고
가시 돋친 손으로 부드럽게 가슴을 쓰다듬는 것은
그녀의 온몸에 피의 문신을 새기는 일
가시에 둘러싸인 나는 움직일 수도 말할 수도 없이
다만 죽이며 죽어간다

이 참혹한 사랑 속에서
사랑의 외침 속에서 내 몸의 가시는 단련되고
가시 끝에 맺힌 핏방울은 더욱 선연해진다
무성하게 자라나는 저 반란의 가시들

목마른 입을 기울여 샘을 찾을 때
가시는 더욱 예리해진다 가시가 사랑하는 이의
살갗을 찢고 끝내 그녀의 심장을 꿰뚫을 때
거세게 폭발하는 태양의 흑점들

사랑이 끝나갈 무렵
가시는 조금씩 시들어간다 저무는 몸
저무는 의식 속에 아스라한 흔적만 남긴 채
가시는 사라져 없어진다

가시 하나 없는 몸에 옷을 걸치고
나는 어둠에 잠긴 사원을 향해 떠난다
이제 가시 돋친 말들이
몸 대신 밤거리를 휩쓸 것이다

더 발칙해져라 사랑에 관한 상상이여

'킹 크림슨'이란 프로그레시브 록 그룹이 있다. 남진우(48) 시인의 시를 읽고 나면 1969년에 나온 킹 크림슨의 데뷔앨범이, 그중에서도 세 번째 트랙, 〈묘비명(Epitaph)〉이 떠오른다. 남진우의 데뷔작은 〈로트레아몽 백작의 방황과 좌절에 관한 일곱 개의 노트 혹은 절망연습〉이라는 긴 제목의 시다. 크림슨 왕과 로트레아몽 백작은 죽음과 절망과 고독을 통해 사랑에 닿는다. 우회로의 비밀스러운 쾌락을 아는 악동들.

〈어느 사랑의 기록〉은 남진우의 두 번째 시집 《죽은 자를 위한 기도》에 들어 있다. 제목에서 눈치 챌 수 있듯 이 시집은 집요하게 죽음에 탐닉한다. 시의 첫 행인 '사랑하고 싶을 때'를 우아하고 낭만적인 사랑의 관념으로 읽지 마시길. 혹은 그렇게 읽어야 한다는 강박을 버리시길. 이 시는 성/성행위의 구체성을 떠올리며 읽을 때 한층 흥미로워진다. 천천히 다 읽고 나면 뜻밖의 경험을 하게 된다. 조금도 섹슈얼하지 않은 섹스(사랑), '온몸에 가시가 돋아나 나를 찌르고 내가 사랑하는 사람을 찌르는' 섹스(사랑)의 슬픔. '야동'의 세계에 흔하디 흔한 사도마조히즘이 쾌락에 봉사하는 것이 아닐 수도 있다는 뜻밖의 배신감. '죽이며 죽어가는' 참혹한 섹스(사랑)를 통과해 비로소 '어둠에 잠긴 사원'을 향해 길 떠나는 로트레아몽 백작의 실루엣이 보이기도 할 것이다. 그런 풍경에 대한 호불호는 각자의 몫. 이 시는 사랑/성/성행위를 통해 유발될 수 있는 낭만적이고 보편적인 우리의 기대심리를 배신한다. 그리고 한 발짝 더 간다. 배신 당했는데 어딘지 묘하게 홀가분할 수도 있다는!

데뷔작의 이미지를 끈질기게 짊어진 채 남진우가 천착하는 세계는 '시인의 운명'이라는 말을 떠오르게 한다.

삶이자 죽음인 언어의 축제를 주관하는 로트레아몽은 언어를 흡혈하는 뱀파이어. 그가 부르는 이런 '사랑노래'는 어떤가. '사랑하는 그녀가/ 화분에 내 머리를 옮겨 심는다/ 물을 주고 햇볕 잘 드는 곳에 가져다 놓는다/ 아침마다 식탁을 차리며 그녀가 부르는 노랫소리/ 무럭무럭 자라거라/ 내 어여쁜 머리/(…)/ 간혹 화가 나면 그녀는 아무거나 집어 던진다/ 박살 나는 화분에서 쏟아져 나오는 머리통/ 한때 그녀의 사랑을 듬뿍 받았던/ 내 얼굴이 바닥에 흩어져 나뒹군다/ 잠시 방구석에 쭈그리고 앉아 울다가/ 다른 화분에 내 머리를 주워 담는다/ 온통 멍든 얼굴로 나는 다시 한사코 꽃을 피워 올린다'《연가》부분). 무엇을 느껴도 좋다. 사랑도, 사랑에 관한 상상도 더 발칙해져라. 사랑과, 사랑에 관한 상상은 무한 자유이므로! 사랑은 늘 '어느' 사랑의 기록 아닌가.

김선우 ❋

바람 부는 날

김종해

사랑하지 않는 일보다 사랑하는 일이 더욱 괴로운 날, 나는 지하철을 타고 당신에게로 갑니다. 날마다 가고 또 갑니다. 어둠뿐인 외줄기 지하통로로 손전등을 비추며 나는 당신에게로 갑니다. 밀감보다 더 작은 불빛 하나 갖고서 당신을 향해 갑니다. 가서는 오지 않아도 좋을 일방통행의 외길, 당신을 향해서만 가고 있는 지하철을 타고 아무도 내리지 않는 숨은 역으로 작은 불빛 비추며 나는 갑니다.
가랑잎이라도 떨어져서 마음마저 더욱 여린 날, 사랑하는 일보다 사랑하지 않는 일이 더욱 괴로운 날, 그래서 바람이 부는 날은 지하철을 타고 당신에게로 갑니다.

사랑해서 괴롭다… 당신이 보고 싶다

　어떤 이는 사랑하는 일이 괴로운 일이라 하고 어떤 이는 한없는 기쁨이라 한다. 어떤 이는 사랑 받는 것이 행복이라 하고 어떤 이는 받는 것보다는 사랑하는 것이 행복이라 한다. 어떤 이는 사랑은 불어닥치는 것이라 하고 어떤 이는 봉변 같은 것이라 한다. 모두 맞는 듯 틀리는 것이 정답인, 너무 어두운 한밤이고 너무 밝은 한낮인 사랑. 너무 추운 여름이거나 너무 더운 겨울과 같은 사랑. 그러나 분명한 것은 사랑은 한없이 깊은 오지奧地라는 것! 나만이 겨우겨우 찾아갈 수 있는, 나밖에 모르는 장소! 아무리 드러내 놓아도 사람들은 결코 알 수 없는 오묘한 것. 사람들이여! 남의 사랑에 대해 운운하지 말자. 그 오지에 대해.

　이 시의 주인은 지금 괴롭다. 보고 싶은 마음, 기다림의 심정이 행복의 파동을 끊임없이 일으키는데 정작 볼 수 없고, 보아서는 안 되고, 서로의 마음이 어긋난다면 주체할 수 없이 괴로워진다. 이 사랑의 주인은 지금 까닭은 알 수 없으나 '사랑하지 않는 것이 더 낫겠어' 라고 후회하기 직전이다. 괴로움을 주체할 수 없어 지하철을 탄다. '어둠뿐' 이고 '외줄기' 이고 '일방통행의 외길' 인 지하철이다. 그 수단이 지하철이라는 데 주목해야 한다. 저 지하 깊숙한 길, 창 밖으론 아무것도 없는, 오직 어둠과 전진뿐인 길, 밖에서는 그 누구 하나 알 수도 볼 수도 없는 길이다. 세상에서 하나뿐인 지하철이며 역도 하나뿐인, '아무도 내리지 않는 숨은 역'으로 가는 지하철이다. 그 길은 과연 괴로운 길일까? 천만에. 그 길 주위가 어둠뿐이긴 하여도 '밀감보다 더 작은 불빛을 하나 갖고서' 가는 길이다. 얼마나 따뜻하고 아늑한 혼자만의 길인가. 모든 것 잊고 시름도 잊고 그저 당신만을 바라보며, 이미 당신과 함께 하고 있는 길인 것이다. 늘 한 사람만이 내리는, 그가 손님이며 역장이고 검표원일 숨은 역이 어디쯤인지 궁금하다. 그런 역 하나 갖고 싶기도 하다.

'나는 사시사철이 봄날이 아닌 곳에서 살고 싶다. 사시사철이 봄날이 아닌 곳에서 나는 봄날을 그리워하는 모든 사람들의 마음을 노래로 쓰고 싶다'(《누구에게나 봄날은 온다》)라며 오랜 세월 시 쓰기의 입장을 정리해 밝힌 김종해 시인(67)은 사랑의 탄환이 되고 싶은, 사랑의 갈급한 마음 또한 대신하여 이렇게 격정으로 노래한 바 있다. '내가 만약 당신을 조준하여 날아간다면/ 날아가서 당신의 가장 깊은 곳에 가 닿는다면/ 가 닿아서 함께 불덩이로 흩어진다면/ 흩어져서 한순간이 영원으로 치솟는다면/ 나는 미련을 갖지 않으리/(…)'(《탄환》). '지하철'과 '탄환', 전혀 다른 듯 사랑의 핵심과 닮아 있지 않은가.

장석남 ❄

서귀포

이홍섭

울지 마세요
돌아갈 곳이 있겠지요
당신이라고
돌아갈 곳이 없겠어요

구멍 숭숭 뚫린
담벼락을 더듬으며
몰래 울고 있는 당신, 머리채잡힌 야자수처럼
엉엉 울고 있는 당신

섬 속에 숨은 당신
섬 밖으로 떠도는 당신

울지 마세요
가도 가도 서쪽인 당신
당신이라고
돌아갈 곳이 없겠어요

당신한테서 밀감 향기가…

밀감이 익는 멀고먼 따뜻한 남쪽 나라. 제주도는 동해 바닷가 작은 도시에서 태어나 자란 내게 외국이나 마찬가지였다. 가무잡잡한 시골 소녀가 아까워하며 한쪽씩 떼어 먹던 '서귀포 밀감'. 향긋한 밀감 마을에서 사람들은 밀감 같은 사랑을 나누겠지.

이홍섭(43) 시인의 〈서귀포〉를 읽으면 어렸을 적 아껴 먹던 밀감 맛이 되살아난다. 달콤새큼한 밀감 맛은 내게 묘한 위안을 주었다. 우울할 때 밀감을 한쪽씩 떼어 물면 위로가 되었다. 슬플 때 밥 한 공기를 뚝딱 해치우고 나면 왠지 마음이 든든해지는 것처럼. 이 시를 읽다 보면 '울지 마세요' 말하며 누군가 살그머니 밀감 한 바구니를 내미는 것도 같고, '몰래 울고 있는 당신'이 더듬는 검은 현무암 담장을 배경으로 자디잔 흰 귤꽃들이 잔별처럼 흔들리며 괜찮다…괜찮다…, 그러는 것도 같다. 강릉 출신의 이홍섭 시인이 어른이 되어 서귀포를 다녀온 후 쓰게 되었다는 이 시에는 동쪽과 남쪽과 서쪽을 떠도는 한 생애의 유랑이 고스란히 스며있다. '섬 속에 숨은 당신/ 섬 밖으로 떠도는 당신'의 이름은 인생. 떠도는 인생에 대한 탁월한 메타포인 이 시가 이홍섭을 통해 세상에 올 수 있었던 것은 그가 동쪽에서 태어났기 때문이리라. '가도 가도 서쪽'인 불가佛家의 이상향인 서방정토西方淨土가 서쪽으로 돌아가는 서귀포西歸浦에 포개져서 아득한 공명을 일으킨다. 이 시가 실린 시집 제목은 《가도 가도 서쪽인 당신》인데, '서쪽'에 대한 시인의 향수는 관념적, 종교적 지향 이전에 그의 태생에서부터 출발하는 것이리라.

오래 전 어느 겨울날 인사동 거리를 헤매며 술집을 찾아가던 벗들에게 살그머니 밀감 봉지를 내밀던 그를 기억한다. 추운 날 손을 호호 불며 마지막 떨이를 하려는 좌판 할머니에게서 밀감을 몽땅 산 시인은 말했다. "밀감이 참 고와서…." 참, 이런 고운 시 하나! '한 아이가 돌을 던져 놓고/ 돌이 채 강에 닿기도 전에/ 두 손으로 얼굴을 가린다// 어디로 날아갈지 모르던/ 돌 같던 첫사랑도 저러했으리'(〈달맞이꽃〉 부분). 연시戀詩가 시의 절정이자 궁극이라 믿는 그가 세상과 사람에게 살그머니 말 걸 때면 세상이 참 조용해진다. 엉엉 울어도 그 속의 따뜻한 고요가 살아난다.

김선우

마른 물고기처럼

나희덕

어둠 속에서 너는 잠시만 함께 있자 했다
사랑일지도 모른다, 생각했지만
네 몸이 손에 닿는 순간
그것이 두려움 때문이라는 걸 알았다
너는 다 마른 샘 바닥에 누운 물고기처럼 *
힘겹게 파닥거리고 있었다, 나는
얼어 죽지 않기 위해 몸을 비비는 것처럼
너를 적시기 위해 자꾸만 침을 뱉었다
네 비늘이 어둠 속에서 잠시 빛났다
그러나 내 두려움을 네가 알았을 리 없다
조금씩 밝아오는 것이, 빛이 물처럼
흘러 들어 어둠을 적셔버리는 것이 두려웠던 나는
자꾸만 침을 뱉었다, 네 시든 비늘 위에.

아주 오랜 뒤에 나는 낡은 밥상 위에 놓인 마른 황어들을 보았다.
황어를 본 것은 처음이었지만 나는 너를 한눈에 알아보았다.
황어는 겨울밤 남대천 상류 얼음 속에서 잡은 것이라 한다.
그러나 지느러미는 꺾이고 그 빛나던 눈도 비늘도 다 시들어버렸다.
낡은 밥상 위에서 겨울 햇살을 받고 있는 마른 황어들은 말이 없다.

* 《장자莊子》의 〈대종사大宗師〉에서 빌어옴.

사랑은 속박하지 않는 것
네 영혼을 자유롭게 하는 것

〈반 통의 물〉이라는, 나희덕 시인(42)의 아름다운 산문에 이런 내용이 나온다. 시인이 남의 땅을 조금 빌려 텃밭을 가꿀 때의 일이다. 몸 한쪽이 마비된 할아버지가 근처에서 역시 텃밭을 일구는데, 물을 주려고 떠오다 보면 채 반 통밖에 남지 않았다. 그 노인은 매일같이 쉬지 않고 그 일을 했고 길은 늘 흥건히 젖었지만 그 어느 빛나는 길보다 아름다웠다고 적고 있다. "몸에 피가 돌지 않는 것처럼 문득문득 마음 한쪽이 굳어져가는 걸 느끼면서, 절뚝거리면서, 그러면서도 남은 반 통의 물을 살아 있는 것들에게 쏟아 붓고 싶은 마음, 그런 게 아니었을까"라고 그녀는 썼다. '한 통 가득'이 아니면 어떤가. 반 통의 물만 남아 있어도 그것을 살아 있는 것에 부어주고 싶은 마음으로 그녀는 시를 쓴다. 생명의 살림과 노고와 그에 대한 위로가 늘 그녀의 시를 적신다.

나희덕의 시는 '어둠 속에서 잠시만 함께 있자'는 청請을 들어주며 그 마음을 헤아리다가 마침내 "사랑이라는 것이 혹시 모순적인 것은 아닌가?"라는 질문으로 다가간다. 물이 빠져나간 연못의 물고기처럼 세상의 두려움에 휩싸인 그를 살리기 위해 최선의 노고를 바치는데 느닷없이 '빛이 물처럼 흘러 들어오는 것이 두려'워지는 것이다. '두려움'에 빠진 마음을 애써 감싸주고 있는데, 그가

나의 감쌈을 빠져나갈까 두려워진다. 그것이 인간에게 주어진 사랑의 알량한 크기라는 것만큼 서글픈 자각이 또 있을까. 그러나 '확철대오廓徹大悟'가 아닌, 그저 수굿이 사랑의 허약함과 모순을 인정하는 것은 별 볼일 없는 우리네 평범한 사랑도 어엿한 사랑이라는 역설의 위로를 던진다. 사랑이라 잘못 부르는 '집착'의 불구덩이로부터도 우리를 지켜준다.

밥상 위에 오른, '빛나던 눈도 비늘도 다 시들어버린' '마른 물고기' 반찬이 주는 기시감既視感의 정체는 사랑이다. 정작 자유롭게 상대의 영혼을 풀어주는, 그래서 서로가 자유롭게 놓여나는 것이 사랑이다. "그런데 우리는 지금 어떠한가"라고 이 시는 되묻고 있다. 나 시인과 함께 산길을 걸었던 적이 있다. 그녀는 길을 걸으며 나무 이름과 특징들을 하나하나 일러주었다. 나는 아이가 되어 끄덕이며 그의 뒤를 따라갔다. 저녁 '종소리가 들리면 조금씩 아파오는 곳이'《흔적》 있다는 그녀의 시를 떠올리며, 단풍을 바라본다. 저 단풍은 어떤 아픔으로 저리 물들었을까. 이 가을, 나는 어떤 멍든 가슴에 함께 울어주는 사랑이 될 수 있을까.

장석남

서울에 사는 평강공주

박라연

동짓달에도 치자꽃이 피는 신방에서 신혼일기를 쓴다 없는 것이 많아 더욱 따뜻한 아랫목은 평강공주의 꽃밭 색색의 꽃씨를 모으던 흰 봉투 한 무더기 산동네의 맵찬 바람에 떨며 흩날리지만 봉할 수 없는 내용들이 밤이면 비에 젖어 울지만 이제 나는 산동네의 인정에 곱게 물든 한 그루 대추나무 밤마다 서로의 허물을 해진 사랑을 꿰맨다
…가끔…전기가…나가도…좋았다…우리는…

새벽녘 우리 낮은 창문가엔 달빛이 언 채로 걸려 있거나 별 두서넛이 다투어 빛나고 있었다 전등의 촉수를 더 낮추어도 좋았을 우리의 사랑방에서 꽃씨 봉지랑 청색 도포랑 한 땀 한 땀 땀흘려 깁고 있지만 우리 사랑 살아서 앞마당 대추나무에 뜨겁게 열리지만 장안의 앉은뱅이 저울은 꿈쩍도 않는다 오직 혼수며 가문이며 비단 금침만 뒤우뚱거릴 뿐 공주의 애틋한 사랑은 서울의 산 일번지에 떠도는 옛날 이야기 그대 사랑할 온달이 없으므로 더더욱

"가끔 전기가 나가도 좋아… 당신과 함께라면"

"가끔 전기가 나가도 좋겠어. 당신과 함께라면!" 이렇게 말할 수 있는 누군가가 옆에 있다면 우리는 행복할 수 있다. 가끔…전기가…나가도…좋았다…. 건강한 에로스로 출렁이는 이 말은 우리의 몸과 정신을 자극한다. 전기가 나가 어두워진 방을 상상하는 우리의 몸은 사랑스러워지겠지. 하지만 그것만으론 부족하다. 당신과 함께라면 기꺼이 가난을 헤쳐가겠다는 사랑의 의지가 몸의 사랑을 완전에 이르게 한다. 사랑의 힘으로 한 땀 한 땀 우리의 낮과 밤을 깁겠노라는 이것은 일종의 선전포고이다. 물질에 대한 탐욕이 비정상적으로 팽배해지는 세상에서 사랑의 갑옷을 입은 현대판 평강공주는 여린 듯 당차다.

이 시는 박라연(57)이 결혼 후 10년쯤 지나 쓴 신혼일기다. 스물일곱에 결혼할 때 남편은 가난했지만 그녀는 쌀이랑 연탄만 안 떨어지면 족하다 생각했다. 그러다 늦깎이로 온달 설화를 소재로 시 쓰기에 매달리던 즈음, 한 친구가 시인의 집을 보러 가자고 했단다. 찾아간 자그마한 시인의 집은 감동적이었다. 넝쿨장미가 활짝 핀 담장 너머 대추나무가 있는 산동네 소박한 시인의 집은 그림처럼 밝았다. 박라연이 매달려있던 시에 부족한 2퍼센트를 채워줄 무언가가 벼락처럼 찾아 들었다. 사랑만 있으면 두려운 것이 없던 자신의 신혼살림과 온달 설화와 가난한 산동네를 환하게 하던 시인의 집이 주는 따뜻한 영감이 한 편의 시 속에 어우러졌다. 박라연은 이 시로 그 해 신춘문예에 당선되어 시인이 되었다. 정릉에 있던 그 '시인의 집'이 신경림 시인의 집이었다는 걸 나중에 알게 되었다고 한다.

이것은 한 편의 시가 세상에 오는 비밀에 관한 이야기면서, 세상에 와서 무르익는 사랑의 역사에 관한 이야기다. '없는 것이 많아' 아랫목은 더욱 따뜻하고, 색색의 꽃씨를 모으는 꽃밭이 되느니. '혼수며 가문이며 비단 금침' 같은 물질적 가치만 달 줄 아는 '저울'을 버릴 때 사랑의 신화가 시작된다. 그대에겐 '전등의 촉수를 더 낮추어도 좋을 사랑방'이 있는지? 박라연의 시를 읽고 있으면 감사하다는 말을 하고 싶어진다. 사랑이 감사한 것은 물론, 누추도 쓸쓸함도 감사하고 싶어지는 계절이다.

김선우

마치…처럼

김민정

내가 주저앉은 그 자리에
새끼고양이가 잠들어 있다는 거

물든다는 거

얼룩이라는 거
빨래엔 피존도 소용이 없다는 거

흐릿해도 살짝, 피라는 거

곧 죽어도
빨간 수성사인펜 뚜껑이 열려 있었다는 거

지워지지 않는 사랑의 '얼룩'

　가장 젊고 발랄한 세대에 속한 시인은 언젠가 문예지에 자신의 시론詩論을 이렇게 밝혔다. '선 본 남자에게 꼭 한달 만에 차였다. 헤어지자며 남자는 그랬다. "너 지난 번 터미널 지날 때 뭐라고 그랬는지 알아?", "네, 버스들이 밤이 되니까 집으로 다 자러 오네, 그랬어요.", "너 일부러 그런 거지? 시 쓴답시고.", "네? 그런 게 시였어요? 몰랐는데요.", "너 지난 번 두사부일체 볼 때 한 번도 안 웃었지?", "네, 한 번도 안 웃었어요, 안 웃겨서.", "너 잘난 척한 거지? 시 쓴답시고." 그날 밤 나는 남자에게 편지 한 통을 썼다. 나와 안 맞아줘서 고마워요. 안 그랬음 시를 몰랐을 테니까요.'

　사랑은 때로 이토록 비루한 모양이다. 시 또한 이토록 비루한 것이 된다. 그럴 땐 '마치……처럼' 의 저 말줄임표 속으로 들어가 두 다리 두 팔 쭉 펴고 분해된 볼펜 자루처럼 누워 자고 싶다.

　어느 날 절망이 들이닥친다. 그가 떠난다는 것이다. 사랑하던 사람이다. 이유야 여럿일 수도, 없을 수도 있으리. 애초의 만남에 무슨 이유가 있던 것은 아니었듯이. 그러나 다른 사람이 생겨 떠난다면 그건 최악이다. 나는 그만 그 자리에 주저앉아 버린다. 울음보가 터진다. 그 울음은 자라나 빛나는 눈을 뜨고 밤을 쏘아보는 고양이가 될 것이다. 나는 그를 사랑하는 동안 깊이 물들어 있었음을 이제야 알아챘다. 그 사랑의 얼룩은 지워지지 않는다. 어떤 강력한 세제도 소용없다. 그것은 옅어질 수는 있어도 영원히 피의 얼룩인 채로 남는다. 수성 사인펜으로 쓰는 글자들처럼 쉽게 번져가는 사랑의 운명. 그 글자들 위로 무수한 눈물이 떨어져 글자들은 번져 갈 것이지만 사랑은 뚜껑을 닫을 수 있는 것이 아니므로 그렇게 죽음 이후에도 진행형으로 남을 것만 같다. 그것은 한없이 하찮은 무엇이 되어 있을지도 모른다. 뚜껑 열린 수성 사인펜이라니! 게다가 붉은 색이라니. 그 붉음이란 본문을 쓰는 것은 아닌, 밑줄을 긋거나 가위표를 치는 색깔이 아니던가. 절망스러운 이 사랑의 시선은 놀랍도록 건조하고 놀랍도록 새로운 시선이다.

그 피의 '얼룩'에 대하여 김민정 시인(32)은 이렇게 말한다. "사랑일 적마다 등을 먼저 돌린 건 모두가 당신. 그렇게 밀쳐졌다는 마음일 때 저는 홀로 경주에 갑니다. 그러고는 하루종일 무덤가를 걷습니다. 동산만한 무덤을 토닥이거나, 해질녘 나무 울음소리를 피해 무덤 안으로 피신할 때, 한 왕조, 한 역사, 한 세월의 허무를 비로소 몸소 체험할 때, 그 힘으로 기운을 얻어옵니다. 살아가지요, 혼자서도 아주 당당히. 마음에 실금 복잡하게 엉킨 줄도 모르고."

장석남 ❄

나와 나타샤와 흰 당나귀

백석

가난한 내가
아름다운 나타샤를 사랑해서
오늘밤은 푹푹 눈이 나린다

나타샤를 사랑은 하고
눈은 푹푹 날리고
나는 혼자 쓸쓸히 앉어 소주(燒酒)를 마신다
소주를 마시며 생각한다
나타샤와 나는
눈이 푹푹 쌓이는 밤 흰 당나귀 타고
산골로 가자 출출이 우는 깊은 산골로 가 마가리에 살자

눈은 푹푹 나리고
나는 나타샤를 생각하고
나타샤가 아니 올 리 없다
언제 벌써 내 속에 고조곤히 와 이야기한다
산골로 가는 것은 세상한테 지는 것이 아니다
세상 같은 건 더러워 버리는 것이다

눈은 푹푹 나리고
아름다운 나타샤는 나를 사랑하고
어데서 흰 당나귀도 오늘밤이 좋아서 응앙응앙 울 것이다

추한 세상을 뒤로 하고 나타샤, 함께 산골로 가자

이 시는 바야흐로 사랑의 도피행각을 벌이고 싶은 시인의 고백이다.

그러므로 이것은 진짜 연애편지다. 어느 밤 눈은 내리고 연인이 있는 곳에도 연인과 함께 가고 싶은 곳에도 눈이 푹푹 내릴 때 한 대책 없는 시인이 사랑을 노래한다. 그윽한 영상을 펼쳐 보이며 잔잔하게 전개되는 이 시는 두 번의 절정을 가지고 있다. 첫 번째는 시의 도입부에 단도직입으로 펼쳐진다. 내가 나타샤를 사랑해서 눈이 내린단다! 중증의 나르시시즘이다. 요샛말로 '자뻑'이 한참 심하다. '낙엽이 져요, 당신이 그리워요' 이게 순서 아닌가. 그런데 이 시는 대뜸 내가 당신을 그리워하여 낙엽이 지고, 내가 당신을 사랑해서 꽃이 핀다는 것이다. 사랑의 힘을 이토록 과장되게, 그러나 천진하고도 사랑스럽게 전할 수 있는 것은 시뿐이리라. 두 번째 절정은 3연. 산골로 도망가자고 연인을 꾀는 시인의 속내에 그대로 드러난다. '산골로 가는 것은 세상한테 지는 것이 아니다/ 세상 같은 건 더러워 버리는 것이다' 라고! 이 시가 발표된 때는 1938년이니 일본 제국주의 압박이 점차 수위를 높여갈 때다. 세상은 갈수록 추해져 가고, 우리는 더러운 세상에 섞여 살기 힘든 순결한 존재들. 그러니 더러운 세상에 상처받지 말고 우리가 먼저 세상을 버려버리자고 이 시는 선동하는 것이다. 기막힌 사랑의 선동이 어이없으면서도 흐뭇하다. 상대를 단박에 무장해제시키는 철없고 순수한 자긍심이라 할 만하다. 그렇지, 이 정도는 돼야 사랑의 도피행각을 벌일 만하지! 게다가 이 말은 시인의 입을 통해 나오지 않는다. 출출이(뱁새) 우는 산골로 가 마가리(오두막집)에 살자고 하는 시인에게 나타샤가 응답하며 고조곤히(조용히) 속삭이는 말로 설정해 놓았는데, 묘하게 아련하고, 아프고, 캄캄하다. 사랑하는 그대가 이렇게 말해주는데 도리 있나. 푹푹 내리는 흰 눈 속에 응앙응앙 울며 어서서서 흰 당나귀가 와야지!

이제 당나귀를 타고 떠나는 일만 남았다. 그런데 이를 어째! 언젠가 눈은 그치고 말 텐데! 더러워 버린 세상에서 여전히 시인은 살아내야 하는 걸! 몽환적인 한 편의 흑백영화 같은 이 시는 그래서 더욱 애잔하다. 영어와 러시아어에 능했고 시 잘 쓰고 핸섬한 모던 보이 백석(1912~1995)에겐 여자가 많았다. 그 중에도 통영 처녀 '란(박경련)'과 기생 '자야'의 인연은 특별해 보인다. 누런 미농지 봉투 속에 든 이 시를 백석에게서 직접 받았다고 전하는 자야 여사는 자신이 죽으면 화장해서 첫눈 오는 날 길상사 마당에 뿌려달라고 유언했고, 그리 되었다. 생사를 알 길 없이 남과 북에 헤어져 살면서도 백석의 생일날이 돌아오면 금식하며 그를 기렸다는 한 여자가 첫눈 속에 돌아간 흔적이 아득하다.

김선우 ❄

농담

이문재

문득 아름다운 것과 마주쳤을 때
지금 곁에 있으면 얼마나 좋을까, 하고
떠오르는 얼굴이 있다면 그대는
사랑하고 있는 것이다.
그윽한 풍경이나
제대로 맛을 낸 음식 앞에서
아무도 생각하지 않는 사람
그 사람은 정말 강하거나
아니면 진짜 외로운 사람이다.

종소리를 더 멀리 내보내기 위하여
종은 더 아파야 한다.

아름다운 순간에 떠오르는 사람 있나요

틈틈이 들르는 산골에 갔다. 첫 서리가 이미 지나간 산촌의 스산한 아름다움에 발을 동동 구르고 싶을 지경이다. 바위에 고스란히 떨어져 쌓여 있는 물든 나뭇잎들과 고여 있는 수정 같은 물, 구름…. 간혹 안개 낀 날은 멀리서 기차가 지나는 소리가 가깝게 들린다. 어디로 가는가. 보이지 않는 소리마저도 아름다운 풍경의 일부가 된다. '혼자 있기 아깝다'는 말이 절로 떠오른다. 이 느낌, 이 차원, 이 율동, 이 균질감…. 함께 했다면 얼마나 좋을까 하고 '떠오르는 얼굴이 있다면' 그는 지금 사랑하고 있는 사람이라고 이 시는 말한다.

언젠가 맛난 것을 먹으면서 한 열 사람쯤의 얼굴이 떠오르지 않으면 제 삶을 한 번 의심해 봐야 한다는 얘길 들은 적 있다. 나는 그때 열 사람의 얼굴은커녕 다섯 사람도, 아니 어쩌면 한 사람도 제대로 떠올려 보지 못했는지 모른다. 이 시에 의하면 나는 '정말 강한' 사람이었거나 '외로운 사람'이었다(이 시를 처음 읽으며 '그러한 사람, 나쁜 사람이다'라고 썼을까 봐 조마조마했음을!) 그러나 곰곰이 생각해본다. 그리고 나는 감히 이 시에 이러한 말을 보태고 싶어진다. "얼마나 좋을까, 하고 떠오르는 얼굴이 있다면 그대는/ '가난해본 적이 있는' 사람이다./(…)/ 아무도 생각나지 않는 사람/ 그 사람은 정말/ '가난했던 사람이거나 여전히 참으로 가난한 사람'이다"라고.

이문재 시인(49)은 대학 시절 청량리의 어느 이발소 다락방에서 자취를 했었다. 친한 후배와 라면을 끓여 먹으면서 그에게 김치를 많이 먹는다고 정색하고 화를 냈었다던 시인이다. 요즘은 자주 들르는 선술집에 갔다가 옆 테이블에 아는 얼굴만 있으면 도맡아 막무가내로 계산을 한다.

그의 사랑은 가난에서 자란 사랑이고 잃어버린 가난에 대한 사랑이고 너무 빛나고 빠른 것에 밀려난, 느리고 그늘진 것에 대한 사랑이다. 그가 '우리 살던 옛집 지붕에는/ 우리가 울면서 이름붙여 준 울음 우는/ 별로 가득하고/(…)/ 우리 살던 옛집 지붕 근처까지/ 올라온 나무들은/(…)/ 무거워진 나뭇잎을 흔들며/ 기뻐하고 / 우리들이 보는 앞에서 그 해의 나이테를/ 아주 둥글게 그렸었다'(《우리 살던 옛집 지붕》)고 노래할 때 우리는 모두 잃어버린 가난의 아름다움을 생각하지 않을 수 없다. 우리는 다시는 그 집을 찾을 수 없다.

장석남

사랑

박형준

오리떼가 헤엄치고 있다.
그녀의 맨발을 어루만져 주고 싶다.
홍조가 도는 그녀의 맨발,
실뱀이 호수를 건너듯 간질여 주고 싶다.
날개를 접고 호수 위에 떠 있는 오리떼.
맷돌보다 무겁게 가라앉는 저녁 해.

우리는 풀밭에 앉아있다.
산 너머로 뒤늦게 날아온 한 떼의 오리들이
붉게 물든 날개를 호수에 처박았다.
들풀보다 낮게 흔들리는 그녀의 맨발,
두 다리를 맞부딪히면
새처럼 날아갈 것 같기만 한.

해가 지는 속도보다 빨리
어둠이 깔리는 풀밭.
벗은 맨발을 하늘에 띄우고 흔들리는 흰 풀꽃들,
나는 가만히 어둠속에서 날개를 퍼득여
오리처럼 한번 날아보고 싶다.

뒤뚱거리며 쫓아가는 못난 오리,
오래 전에
나는 그녀의 눈 속에
힘겹게 떠 있었으나.

실뱀이 호수를 건너듯
홍조가 드는 그녀의 맨발을 간질어 주고 싶다

어느 독자가 박형준(42) 시인에게 시를 왜 쓰느냐고 물었다. 그가 독자에게 되물었다. 밥은 왜 먹나요? 허기져서 먹는다고 독자가 대답했다. 저는 아름다움에 허기져서 시를 써요…. "내가 말해 놓고도 그 말이 그럴싸했지만 술기운이 빠져나가면서 점점 멋쩍어지고 얼굴이 붉어지는 것은 어쩔 수 없었다"고 박형준은 어느 산문에서 쓰고 있다. 허기가 적나라한 순간에조차 문종이 위의 살구꽃잎처럼 아스라하게 아름다운 것이 박형준의 시다. '홍조가 도는 그녀의 맨발'처럼 적나라한, 참 아뜩한 사랑이다.

수면 아래서 힘겹게 발을 놀리고 있을 오리의 맨발에서 연인의 맨발로 살포시 저녁 빛이 건너온다. 잔잔하게 흔들리는 물결. 시인은 연인의 맨발을 '실뱀이 호수를 건너듯 간질여 주고 싶다.' 감각적이고 사랑스러운 스킨십인데, 거기엔 아직도 부끄러운 소년시인이 들어있는 듯하다. 그는 연인을 사랑하지만, 사랑이라는 이름으로 연인을 장악하지 않는다. 사랑하므로 연인을 조심조심 바라보고 살포시 따라간다. '두 다리를 맞부딪히면/ 새처럼 날아갈 것 같기만 한' 조심스러운 마음으로 연인을 바라본다. 이 사랑의 운명은 그가 아니라 연인에게 달려있다. 흔하게 회자되는 남녀 관계의 줄다리기 같은 것은 여기에 없다. 모든 사랑의 권력을 남김없이 연인에게 드린 이 사랑. 아름답지만 너무 저자세인 거 아냐? 하지만 어쩌랴. 나는 그녀의 눈 속에서만 예쁜 오리로 헤엄칠 수 있는 걸! 당신의 눈 속이 내 삶터인 걸! 의미를 결론짓지 않고 일부러 열어놓은 마지막 시행으로 인해 사랑은 순환을 시작한다. 사랑에 관한 결론만 빼고, 사랑에 관한 모든 아름답고 섬세한 감각들이 살포시 다시 열린다. 실뱀이 발등을 스쳐가는 그 감각으로.

60년대 후반 가난한 농촌에서 아홉 남매의 막내로 태어난 박형준은 형 누나들을 좇아 인천으로 올라와 학창 시절의 대부분을 그곳에서 보냈다. 가난한 시골이나 도시 변두리에 발목이 잡혀 있는 사람들 속에서. 그래서일까. 박형준의 시에 등장하는 대부분의 존재들은 쓸쓸하고 아름다운 '저녁의 무늬'를 가지고 있다. 아련한 소멸의 감각, 저녁을 닮은 사람들 속에서 미미하게 두근거리는 아침을 예감하는 이것은 그에게 있어 생의 감각이기도 하다. 탄생처럼 아름다운 무늬를 갖는 소멸, 이것은 또한 그의 연애의 감각이기도 하다. '솥내이라는 말/ 참 좋지요/ 중심이 비어서/ 새들이/ 꽉 찬/ 저 곳// 그대와/ 그 안에서/ 방을 들이고/ 아이를 낳고 /냄새를 피웠으면'(《저곳》 부분).

김선우

고추씨 같은 귀울음소리 들리다

박성우

뒤척이는 밤, 돌아눕다가 우는 소릴 들었다
처음엔 그냥 귓밥 구르는 소리인 줄 알았다
고추씨 같은 귀울음소리,
누군가 내 몸 안에서 울고 있었다
부질없는 일이야, 잘래잘래
고개 저을 때마다 고추씨 같은 귀울음소리,
마르면서 젖어가는 울음소리가 명명하게 들려왔다
고추는 매운 물을 죄 빼내어도 맵듯
마른 눈물로 얼룩진 그녀도 나도 맵게 우는 밤이었다

지금도 내 안에 남아 울고 있는 사람…
나를 울리는 사람…

　헤어짐의 눈물을 노래한 이 시를 읽으면 내 몸 안에서도 잠들었던 울음소리가 깨어난다. 어깨 들썩이며 숨죽여 우는 소리. 그녀의 어깨, 얼굴에 어른대는 두 줄기 불빛, 빈 방에 들어가 문 걸고 서둘러 이불 속에 들어 토해내던 통곡. 헤어짐이 아픈 것은 이별을 해도 사랑은 지나가는 것이 아니기 때문이다. 사랑하는 사람은 사랑했던 과거의 사람이 아니라 지금도 내 안에 남아 울고 있는 사람이 되고, 나를 울리는 사람이 된다.

　두 사람에게는 지금 나란히 걸었던 길이 보인다. 함께 보았던 영화 장면이, 자취방에 두고 간, 오랜 시간 걸려 만든 손뜨개 목도리가 떠오른다. 죽음까지 함께 할 수 없으리라는 예감에 사랑한다는 말도 아낄 수밖에 없던 시간들도 떠오른다. 언 손을 녹여주던 그 저녁이 바로 오늘같이 쌀쌀한 날이었을 때 뒤척임은 한이 없다. 사랑의 기억이 달콤한 것은 잠 못 이루게 하는 설레임 때문이지만, 그것이 쓰디쓴 것도 바로 그 사랑이 남기는 기억 때문이다.

　박성우 시인(37)에게는 사랑이 지나간 뒤의 아픔을 노래한 시들이 많다. '어둠 돌돌 말아 청한 저 새우잠,// 누굴 못 잊어 야윈 등만 자꾸 움츠리나// 욱신거려

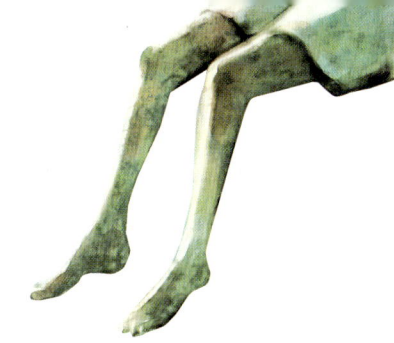

견딜 수 없었겠지/ 오므렸던 그리움의 꼬리 퉁기면/ 어둠 속으로 튀어 나가는 물별들,// 더러는 베개에 떨어져 젖네'《초승달》처럼 이별은 오그리고 청하는 잠마저 허락하지 않는다. 그리움을 더 이상 참을 수 없을 때 튀어 나가는 것이 있으니, 그만 베개에 떨어지는 그 물별(눈물)은 얼마나 가련한 아름다움인가. 그 아픔으로부터 벗어나려 하지만 '어느 애벌레가 뚫고 나갔을까/ 이 밤에 유일한 저 탈출구//'《보름달》라 하면서도 이내 '함께 빠져나갈 그대 뵈지' 않음이 안타깝다. 그저 보름달에 희미한 제 그림자만 오래도록 바라보았으리라. 모든 시는 이처럼 근원적으로 '서러운 사랑 이야기'이다. 사랑 아니고서 무엇을 시로 쓸 수 있을까. 또한 시 아니고서 무엇으로 사랑의 '물별'을 반짝이게 할 수 있을까. 청년기의 사랑은 그 무모함 때문에 절절하고, 그 순정함 때문에 눈물 난다.

박성우 시인은 '조용한 배려와 연민'의 시인이다. 시골에서 조용히 시를 쓰기 때문인지 그의 사랑시들은 자연에서 오는 열락에 대해 사랑의 형식으로 화답하는 것 같기도 하다. 초승달이 보름달이 되는 것을 반복하는 것 또한 '매운' 고추씨 같은 사랑의 기억 때문이 아니겠는가.

장석남

百年

문태준

와병 중인 당신을 두고 어두운 술집에 와 빈 의자처럼 쓸쓸히 술을 마셨네
내가 그대에게 하는 말은 다 건네지 못한 후략의 말
그제는 하얀 앵두꽃이 와 내 곁에서 지고
오늘은 왕버들이 한 이랑 한 이랑의 새잎을 들고 푸르게 공중을 흔들어 보였네
단골 술집에 와 오늘 우연히 시렁에 쌓인 베개들을 올려보았네
연지처럼 붉은 실로 꼼꼼하게 바느질해놓은 百年이라는 글씨
저 百年을 함께 베고 살다 간 사랑은 누구였을까
병이 오고, 끙끙 앓고, 붉은 알몸으로도 뜨겁게 껴안자던 百年
등을 대고 나란히 눕던, 당신의 등을 쓰다듬던 그 百年이라는 말
강물처럼 누워 서로서로 흘러가자던 百年이라는 말
와병 중인 당신을 두고 어두운 술집에 와 하루를 울었네

이별을 생각하면 사랑이 더 귀해진다

　내가 죽고 나면 당신은 어떻게 살지? 사랑하는 사람을 보며 가끔 생각한다. 내가 없어도 내 사랑하는 사람이 지상의 삶을 잘 갈무리하며 행복하게 살았으면 좋겠다. 인생엔 저마다 감당해야 할 수레바퀴 시계가 있어서 사랑하는 사람들도 결국엔 홀로 떠나고 홀로 남는다. 맑은 날 사랑하는 사람과 햇살 고운 창가에 앉아 죽음을 생각해보라. 이별을 생각하면 사랑이 더 귀해진다. 영원히 살 것처럼 꿈꾸고 내일 죽을 것처럼 오늘을 살라고 하지 않던가. 삶과 죽음은 한몸이다.

　문태준(38) 시인의 시를 읽는 일은 지상의 생명붙이들이 가진 저마다의 삶과 죽음의 역사에 동참하는 일. 들숨과 날숨이 고루 드러나는 잔잔한 숨결의 기록들을 읽는 일이다. 그의 시에 등장하는 사람과 사물들은 낱낱이 귀하고 서럽고 아름답다. 또한 고독하다. 문태준은 고독을 저어하거나 피해가지 않는다. 사랑처럼 고독 역시 삶의 일임을 알며 기꺼이 고독과 이별을 영접하여 맨발을 닦아드리는 시인. 많은 독자가 문태준의 시를 사랑하는 것도 우리가 스스로 알고 있는 고독의 감각에 섬세한 언어의 오솔길을 놓으며 그가 우리의 일상과 동행하기 때문일 것이다. 불교방송 PD 일을 하는 바쁜 생활 속에서 일기를 쓰듯 시를 쓰는 문태준은 하루라도 시를 쓰지 않으면 허전함을 느끼는 시인이다. 그에게 시는 일상적인 기도이고 백팔배이다. 이렇게 눌러쓴 그의 시가 갈무리하는 고독과 이별은 고립된 병리가 아니라 애잔하고 따뜻한 삶의 일부로 우리 옆에서 숨 쉰다. 많은 이들이 사랑하는 〈가재미〉가 그랬듯이 그의 시는 세상만물을 따뜻하게 문병問病한다. 당신 아프구나… 감각하는 순간, 아픈 존재 옆에 함께 누워 고요히 함께 앓는다.

'와병 중인 당신을 두고 어두운 술집에 와 하루를 우는' 시인의 울음은 울음인 줄도 모르게 나직나직하여서 어느새 숨결처럼 몸에 스민다. 함께 기쁘고 함께 아픈 자비慈悲의 마음이 문태준 시의 터전이니, 누군가 아프고 화자인 나는 술집에 왔다. 내가 함께 아프다. 술집에서 우연히 시렁에 쌓인 베개들을 올려보았는데 베갯모에 '百年'이라는 글씨가 새겨져 있다. 흔히 목숨 수壽자나 복 복福자를 수놓는 베갯모에 수놓아진 '百年'이라는 글씨에 시인의 시선이 멎고, 사랑의 약속인 '백년가약'이 당신의 와병 속에서 무량하게 글썽거리기 시작한다.

삶과 죽음, 사랑과 이별이 공존하는 '백년'이라는 말은 세속적이면서도 영원을 꿈꾸게 한다. 백년을 혼자 살 수는 있어도 사랑하는 사람과 함께 백년을 살기는 힘드니, 유한한 존재의 안타까운 사랑의 열망이 '백년가약'이라는 말을 만들었을 터. 시인이 가만히 열어 보여주는 백년의 비밀 속에는 백 겹의 시간이 출렁인다. 사랑하는 사람들아, 당신의 '백년'은 어디에 있는가.

김선우

저녁의 연인들

황학주

침대처럼 사실은 마음이란 너무 작아서
뒤척이기만 하지 여태도 제 마음 한번 멀리 벗어나지 못했으니
나만이 당신에게 다녀오곤 하던 밤이 가장 컸습니다
이제 찾아오는 모든 저녁의 애인들이
인적 드문 길을 한동안 잡아들 수 있도록
당신이 나를 수습할 수 있도록
올리브나무 세 그루만 마당에 심었으면

진흙탕을 걷어내고
진흙탕의 뒤를 따라오는 웅덩이를 걷어낼 때까지
사랑은 발을 벗어 단풍물 들이며 걷는 것이었습니다
사랑이 아니라면 어디 사는지 나를 찾지도 않았을
매 순간 당신이 있었던 옹이 박인 허리 근처가 아득합니다
내가 가고,
나는 없지만 당신이 나와 다른 이유로 울더라도
나를 배경으로 저물다 보면

역 광장 국수 만 불빛에 서서 먹은 추운 세월들이
쏘옥 빠진 올리브나무로
쓸어둔 마당가에 꽂혀 있기도 할 것 같습니다

당신이 올리브나무로 내 생애 들러주었으니
이제 운동도 시작하고 오래 살기만 하면,

사랑은 회색 지대… 반은 낮 반은 밤

우리는 모두 저녁의 연인들이다. 가을의 연인들이고 나아가 밤의 연인들이 된다. 사랑은 회색 지대의 것이어야 한다. 어스름의 것이어야 한다. 반은 침묵, 나머지 반은 열기. 반은 정신, 반은 육체. 반은 낮, 반은 밤. 연인과의 사이에는 늘 저녁의 시간이 고이고 저녁의 육감이 지난다. 저녁엔 무모함이 가시고 명상이 오는 때, 하루의 그림자가 가장 길어서 나 자신을 나보다 더 멀리 나아간 그림자에게 포개어 보는 때다.

낮을 살고 나면 저녁은 연인처럼 찾아온다. 저녁이 머무는, 말하자면 연인이 머물 수 있도록 하는 방법은 무엇일까? 이 주인공은 마당에 올리브나무 세 그루를 심는 것이라고 말한다. 그래서 그 나무에 머무는 저녁으로 하여금 자신을 수습해 달라고 할 참이고 인적 드문 곳으로 데리고 가 달라고 할 참이다.

그래서 올리브나무에 온 저녁은 화자에게 이렇게 고백한다. '사랑이 아니라면 어디 사는지 나를 찾지도 않았을' 거지요? 나는 '매 순간 당신이 있었던 옹이 박인 허리 근처가 아득' 했습니다. 당신에게 오는 길은 '발을 벗어 단풍물 들이며 걷는' 길이었습니다. 허리에 옹이가 박이도록, 발에 피(단풍물)가 나도록 당신을 찾아 헤맨 시간들을 두런두런 마당의 올리브나무는 말하는 듯하다. '역 광장'에서 '국수'를 먹던 '추운 세월들'도 이 올리브나무에는 와 있다. 아주 오랜 세월, 아주 먼 공간을 동시에 아우르며 찾아온 연인은 분명 육체적 연인일 수는 없다. 그렇다고 온통 정신의 고답을 강조하는 연인은 아니다. '이제 운동도 시작하고 오래 살기만 하면,'이라고 범부의 일상을 제시해보기도 한다. 그러나 그 '오래 살기'는 육체의 오래 살기는 아닐 것이다. 생의 비의를 제시하는 연인, 그렇게 언뜻 나타났다가 사라지는 연인은 어쩌면 먼 과거에 오래 함께 살던 사람이 시간이 되어 나타난 것인지도 알 수 없으며 먼 미래에 함께 하고 싶은 연인이 스치듯 현현한 듯도 하다.

황학주(54) 시인은 아프리카의 시인이다. 아프리카에서 오래 구호 활동을 해왔다. 현지에서 사진을 찍어 사진을 곁들인 산문집도 냈다. 그런 어느 시간 그는 올리브나무를 만났을 것이다. "그토록 척박한 땅에서 놀라운 빛, 숨은 초록을 띤 올리브나무 고목들을 보는 순간 즉각적으로 내 마음의 연인이 떠올랐다. 내게 그녀는 올리브나무처럼 영적이고 생명력 있고 야생이며 자유이다. 아프리카의 올리브나무를 보자, 그녀가 내 생에 올리브나무로 들렀다는 생각이 들고 곁에 있지 않아도 '이제 운동도 시작하고 오래 살기만 하면' 영원한 사랑이 가능할 것 같은 느낌이었다"고 했다. 사랑이야말로 우리를 계속 걸어가게 해주는 연료일 것이다. 그 먼 길은 분명 '벗은 발'로 걸어가야 하리라.

장석남

혼자 가는 먼 집

허수경

당신……, 당신이라는 말 참 좋지요, 그래서 불러봅니다 킥킥거리며 한때 적요로움의 울음이 있었던 때, 한 슬픔이 문을 닫으면 또 한 슬픔이 문을 여는 것을 이만큼 살아옴의 상처에 기대, 나 킥킥……, 당신을 부릅니다 단풍의 손바닥, 은행의 두 갈래 그리고 합침 저 개망초의 시름, 밟힌 풀의 흙으로 돌아감 당신……, 킥킥거리며 세월에 대해 혹은 사랑과 상처, 상처의 몸이 나에게 기대와 저를 부빌 때 당신……, 그대라는 자연의 달이 나에게 기대와 저를 부빌 때 당신……, 그대라는 자연의 달과 별……, 킥킥거리며 당신이라고……, 금방 울 것 같은 사내의 아름다움 그 아름다움에 기대 마음의 무덤에 나 벌초하러 진설 음식도 없이 맨 술 한 병 차고 병자처럼, 그러나 치병과 환후는 각각 따로인 것을 킥킥 당신 이쁜 당신……, 당신이라는 말 참 좋지요, 내가 아니라서 끝내 버릴 수 없는, 무를 수도 없는 참혹……, 그러나 킥킥 당신

당신을 부르는 것이 또 한 번의 상처임을

 이 시는 허수경 시인(44)의 두 번째 시집 제목으로 쓰인 시이다. 이 읊조림을 시라 불러도 좋고 구음(口音)이라 해도 좋다. 웅얼웅얼, 중얼중얼, 킥킥……. 뭐라 불러도 좋은데 결국은 시가 될 수밖에 없는 읊조림이다. '한 슬픔이 문을 닫으면 또 한 슬픔이 문을 여는' 삶. 삶이 상처임을 일찍 알아버린 이에게 독기와 연민은 삶을 견디는 한 방법이니, '이만큼 살아옴의 상처에 기대' 당신을 부르는 시인은 이미 알고 있다. 당신을 호명하는 것이 또 한 번의 상처임을. 그런데도 부른다. 킥킥, 가엾이 여기며 부른다. 이것은 일종의 동종요법. 상처를 상처로 견뎌가는 참혹한 치유 요법이다. 사랑을 떠나보낸 참혹만이 아니라 생이 몽땅 상처인 것이어서 이 참

혹함을 피해 볼 손바닥 만한 그늘도 찾을 수 없을 때, 나는 불현듯 깨달아버리는 것이다. 나도 혼자 가고, 당신도 혼자 가고, 먼 집도 영영 혼자 가는 것임을.

1988년 실천문학사에서 나온 허수경의 첫 시집 《슬픔만한 거름이 어디 있으랴》를 처음 읽던 내 나이 스무 살. 〈폐병쟁이 내 사내〉라는 시를 읽던 기억이 난다. 시집 표지에 실린 앳된 여고생 같은 얼굴의 여자가 이런 시를 쓴 게 오싹할 정도였다. 샤먼의 신명처럼 간곡하고 치렁치렁한 리듬으로 가득하던 첫 시집. 그 이후 지금까지 네 권의 시집을 세상에 내보낼 때마다 허수경의 노래법은 조금씩 달라졌지만, 안쓰러운 세상과 당신이 아파서 자기도 아픈 허수경의 비통함은 아주 넓은 진폭으로 당신이라는 세계를 확장하며 공명한다.

진주에서 태어난 허수경은 두 번째 시집을 낸 직후 돌연 독일로 갔다. 지인들은 그가 곧 돌아올 것이라 여겼다. 그런데 그는 15년이 넘도록 오지 않고 있다. 그간 독일 뮌스터대에서 고대동방고고학으로 박사 학위

를 받고 천생연분이라 할 독일 남자와 결혼해 살고 있다. 발굴 작업을 위해 일 년의 절반 정도를 모래 서걱이는 터키나 이집트의 변방에 가 있고, 새벽이면 모국어로 시를 쓴다. 지인에게 들으니 집 뒤란에 텃밭을 만들고 한국에서 공수한 씨를 뿌려 상추며 쑥갓 등을 직접 길러 먹는단다. 음식 솜씨 좋기로 유명한 그의 손이 이국에서 김치를 담그고 각종 국을 끓이는 것을 상상하면 코끝이 찡해진다. 슬퍼서가 아니라 먹먹해서. 당신도 잘 견디고 있구나, 싶어서. 그녀가 진주 남강 가에 가장 잘 어울리는 여자라고 생각했지만 이제 와보니 그녀는 모래도시와도 퍽 잘 어울린다.

지구 위 어디든 '혼자 가는 먼 집'이니, 참혹한 절망을 통해 어떤 희망을 볼 수 있는지는 킥킥, 온전히 당신 몫이다. '가수는 노래하고 세월은 흐른다/ 사랑아, 가끔 날 위해 울 수 있었니'(〈울고 있는 가수〉 부분). '킥킥 당신 이쁜 당신' 파이팅!

김선우

날랜 사랑

고재종

장마 걷힌 냇가
세찬 여울물 차고 오르는
은피라미떼 보아라
산란기 맞아
얼마나 좋으면
혼인색으로 몸단장까지 하고서
좀더 맑고 푸른 상류로
발딱발딱 배 뒤집어 차고 오르는
저 날씬한 은백의 유탄에
푸른 햇발 튀는구나

오호, 흐린 세월의 늪 헤쳐
깨끗한 사랑 하나 닦아 세울
날랜 연인아 연인들아

 욕망의 늪 거스를 줄 알아야 진짜 사랑이다

거스를 줄 알아야 살아 있는 것이다. 살아 있는 물고기는 강을 거슬러 오르고, 살아 있는 나무는 바람 속에서 꿋꿋하다. 하물며 생각할 줄 아는 사람이라면 휩쓸리지 않아야 한다. 모든 휩쓸리는 것은 죽은 것이다. 하류에 죽은 것들이 모여 썩는다.

냇물이든 강이든 여울처럼 아름다운 데는 없다. 그곳은 일종의 '흐름'의 고비, 서양 말로는 '코너워크'에 해당하는데 하늘의 빛은 밤이건 낮이건 반짝이고 물소리는 찬란하다. 물고기들은 그런 곳에 모여 논다. 그곳은 새들도 날랜 자태를 뽐내는 곳이다.

이 시는 어느 강의 상류쯤에서 펼쳐지는 그 풍경을 그린다. '광풍제월光風霽月'이라던가. 비 갠 밤하늘에 달이 씻은 듯이 나와 놀고, 그 빛에 은피라미 떼 팔딱팔딱 용수철처럼 튀어 오르니 장관이다. 보는 이의 피도 저절로 약동躍動한다. 어디 은피라미 떼 같은 이 있다면 발 벗고 뛰어가겠다. 여기서 최선의 '몸단장'은 신발을 팽개치고 맨발이 되는 것 말고 달리 무엇이랴. 자연에 대한 순응과 긍정과 합일의 풍경이야말로 생명의 최상급 오르가슴이 아닐 수 없다. 그것은 저 풍경 그대로 잉태의 과정을 보여준다. '깨끗한 사랑 하나 닦아 세울' 수 있으려면 우리는 저러한 풍경을 마음에 품어야 하리라.

고재종(51) 시인은 일관되게 자신이 나고 자란 터전을 떠나지 않고 손수 농사를 지으며 자연이 주는 활력과 함께 날로 핍진해지는 현실을 노래하는 시인이다. 우리의 삶과 정서의 근원인 농촌을 깡그리 무시하고 오로지 돈을 버는 데 급급했던 지난 세기 말 한국 농촌의 자화상을 그의 시편들은 보여주고 있으니, 시인은 "마침내 삭풍설한 되게 치는 날에도 거기 그렇게 정정하게 서서 한층 더 땅속 깊이 뿌리를 내리는 나무의 버팀김은 너무도 의연하다. 그 버팀김의 근력이 실은 제 상처 속에서 뽑아내는 푸르른 울음이 아닐까 하는 생각을 한 적이 있다"고 고백한 바 있다. 저, 남녘의 동구마다 정정히 서 있는 느티나무가 시인 내면의 표상인 것이다. 한편 '너를 만나고 온 날은, 어쩌랴 마음에/ 반짝이는 물비늘 같은 것 가득 출렁거려서/ 바람 불어오는 강둑에 오래오래 서 있느니'《출렁임에 대하여》 그의 강둑은 사랑의 '물비늘'을 늘 상영하는 영혼의 은막이 되는 셈이다.

사랑이라고 함부로 이름 붙이지 말자. 저급한 욕망일지도 모른다. '거슬러' 맑고 푸른 상류로 올라갈 수 없는, 욕망에 휩쓸리는 것을 사랑이라고 부르지 말자. 연애에서든, 삶의 터전에서든.

장석남

제부도

이재무

사랑하는 사람과의 거리 말인가
대부도와 제부도 사이
그 거리만큼이면 되지 않겠나

손 뻗으면 닿을 듯, 닿지는 않고,
눈에 삼삼한

사랑하는 사람과의 깊이 말인가
제부도와 대부도 사이
가득 채운 바다의 깊이만큼이면 되지 않겠나

그리움 만조로 가득 출렁거리는,
간조 뒤에 오는 상봉의 길 개화처럼 열리는

사랑하는 사람과의 만남 말인가 이별 말인가
하루에 두 번이면 되지 않겠나

아주 섭섭지는 않게 아주 물리지는 않게
자주 서럽고 자주 기쁜 것
그것은 사랑하는 이의 자랑스러운 변덕이라네

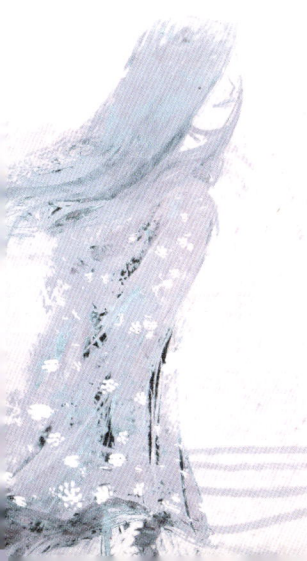

그대와 나 사이에 '섬'이 있다

　사랑은 수렁이다. 빠지면 황홀은 물론 고통도 함께 온다. 이재무 시인(50)이 발견한 사랑은 '제부도와 대부도 사이의 거리와 깊이'. 그것은 수렁이며, 수평과 수직이 따로 없이 서로에게로 휘어질 수 있는 어떤 '사이'다. 시의 제목은 〈제부도〉지만 제부도만으로는 성립되지 않는, 대부도가 있어야만 하는 이 시에서 혼자만으로는 완전해질 수 없는 결여를 채우는 것은 밀물과 썰물이 드나들 수 있는 빛나는 사이인 것. 이 '사이'에선 인간의 언어가 구사하는 모든 대립항들이 원초적으로 뭉개지며 얽힌다. 이 얽힘, 이것이 사랑이다. 제부도와 대부도 사이처럼, 마주 선 당신과 나 사이 한 발짝만큼의 거리에서 태평양이 숨쉬기도 하고 우주가 숨쉬기도 한다. 어떻게 그럴 수 있지? 그것은 '사이' 때문. 사람과 사람 사이처럼 사랑에도 '사이'의 비밀이 있어야 오래도록 가슴을 덥히는 사랑의 추억을 가질 수 있다.

　이 시는 이재무 시인의 연시집 《누군가 나를 울고 있다면》에 들어있다. 지천명의 나이에 펴낸 이 시집 속에 솔직하고 열정적인 사랑의 고백과 희구가 가득하다. 제부도와 대부도 사이는 다른 시에서 이렇게 노래된다. '더 이상 비밀이 없는 삶은 누추하고/ 누추하여라 사랑하는 이여, 그러니/ 내가 밟아온 저 비린 사연을 다 읽지는/ 말아다오 들출수록 역겨운 냄새가 난다'(《비밀이 사랑을 낳는다》 부분)

이재무에게 '비밀'의 탄생은 추억을 거쳐 온다. 그는 책상 앞에서 상상하는 사람이 아니다. 그의 시들은 대부분 자신의 경험에 바탕을 두고 있다. 시인은 이렇게 전한다. 서른 중반 한 여학생과 열애에 빠진 적이 있는데 그녀를 끔찍하게 좋아했지만 도덕과 인습 때문에 사랑의 감정을 현실화하진 못했다. 학생과 선생으로 만난 데다 나이 차가 많았기 때문. 고통스러웠지만 그는 결국 그녀를 떠나보낸다. 그 후 일 년이 지난 봄날 제부도에 가게 되었다. 봄이었지만 썰렁한 마음의 방에 여태도 추운 추억이 누워 있다는 것을 알게 되었다. 바다의 겹 주름처럼 회한이 밀려오고 뒤늦은 마음이 당도했다. 다시 사랑이 찾아온다면 제부도와 대부도의 그 간격으로 사랑하리라는. 그러니까 이 시는 찾아온 사랑 때문에 지어진 것이 아니라 떠나버린 사랑의 회한 때문에 지어진 것이다.

 그는 조심스럽게 고백한다. 살아생전 언젠가 그녀를 다시 만날 수 있다면 제부도가 보이는 음식점에 들러 칼국수 한 그릇 뜨겁게 나눠 먹고 싶다고. 제부도와 대부도 '사이'로 들어오는 밀물아 썰물아, 들어다오.

김선우 ❄

낙화, 첫사랑

김선우

1

그대가 아찔한 절벽 끝에서
바람의 얼굴로 서성인다면 그대를 부르지 않겠습니다
옷깃 부둥키며 수선스럽지 않겠습니다
그대에게 무슨 연유가 있겠거니
내 사랑의 몫으로
그대의 뒷모습을 마지막 순간까지 지켜보겠습니다
손 내밀지 않고 그대를 다 가지겠습니다

2

아주 조금만 먼저 바닥에 닿겠습니다
가장 낮게 엎드린 처마를 끌고
추락하는 그대의 속도를 앞지르겠습니다
내 생을 사랑하지 않고는
다른 생을 사랑할 수 없음을 늦게 알았습니다
그대보다 먼저 바닥에 닿아
강보에 아기를 받듯 온몸으로 나를 받겠습니다

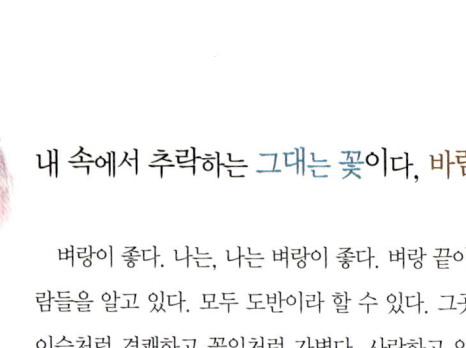

내 속에서 추락하는 그대는 꽃이다, 바람이다

벼랑이 좋다. 나는, 나는 벼랑이 좋다. 벼랑 끝이 좋아 또한 벼랑으로 가는 사람들을 알고 있다. 모두 도반이라 할 수 있다. 그곳으로 가는 사람들, 발걸음은 이슬처럼 경쾌하고 꽃잎처럼 가볍다. 사랑하고 있는 사람들이기 때문이다. 이 세상의 모든 사랑은 끝내 벼랑으로 간다는 것을 안다면 그만 두는 이 없지 않을 것이다. 그 사람, 끝내 사랑의 비밀을 모르고 가는 사람일 것이다. 이래저래 절벽이고 벼랑이다. 벼랑인지 알고 가도 좋고 모르고 가도 좋다. 그곳에 가면 모두 '꽃'이 될 수 있다. 그것을 안다면 안 갈 사람 없다. 벼랑만을 본다면 갈 사람 없으리. 그것이 사랑이 노래 부르는 이중창이다.

아마도 신라의 향가로 전하는 〈헌화가〉의 수로부인이 원한 꽃도 그런 의미였을지 모른다. 사랑이 벼랑에 다달으면 한 꽃송이가 된다. 그 커다랗고 환한 한 꽃송이가 지금 떨어지려 하고 있다. 모란을 닮았을까? 연꽃을 닮았을까? 아니면 동백일까? 사랑, 늘 처음 가보는 길이어서 '첫사랑'인 것의 '절벽'을 바라보는 이 사람은 지금 두 겹의 사랑을 받아들이는 중이다. 한 겹은 지나온 길이고 지금은 벼랑에 다다른 시간이다. 공간에서 이제 시간으로, 기억이거나 혹은 영원으로 이동하는 사랑을 바라보고 있다. '내 사랑의 몫'을 알므로 '수선스럽지' 않겠다 한다. 이 이별은 범상하지 않아서 '손 내밀지 않고 그대를 다 갖는' 이별이다. '그대'는 '그대'로 가는 것이 아니라 '바람의 얼굴'이거나 꽃의 얼굴이 되어 내 속에서 '추락'하려고 하고 나는 그 추락을 '강보'를 펴서 받음으로써 내 스스로를 살린다. 그대 없이 나는 없는 것을 알므로. 그대는 시간이 되었든, 꽃이 되었든 내 안에서 깨어져서는 안 되는 것이다. 언제부터인지 너는 나였던 것이다. 그대와 나는 그리하여 서로 물들어 영원한 시간의 갈피 속으로 스밀 것이다. 이때 '그대'를 받는 '강보' 또한 벼랑의 다른 이름이다. 그곳에서 꽃이나 바람이 되어보지 않고 어떻게 강보를 펼 수 있겠는가.

 김선우(38)시인은 그 이름처럼 세상의 '곡비를 자청한'(《칠월의 일곱 번째 밤》)는 선우善友다. 이 '곡비'는 개화를 노래하기보다는 낙화를 노래하며 기쁨 보다는 아픔에 더 많이 눈을 준다. "아프지 마, 목숨이 이미 아픈 거니까/아파도 환한 벼랑이 목숨이니까"(《무서운 들녘》)라고 사람이 타고난 운명을 위로하고 '스스로 있는 그대여, 떠나가셔도 좋습니다.//불두화 무심하니 서섭습니다 불두화 무심하니 참 좋습니다'(《칠월의 일곱 번째 밤》) 라고 만남과 헤어짐을 자재自在한 것이라고 따뜻하게 고백해 준다.

 "배 떠날 때 어떤 이는 수평선을 바라보고/어떤 이는 뭍을 바라보지"(《그러니 애인아》). 나는 그때 무엇을 바라보았지? 배 떠날 때! 혹은 이별일 때! 벼랑을 바라보았던가? 나는 벼랑을 사랑한다.

장석남

행복

유치환

사랑하는 것은
사랑을 받느니보다 행복하나니라
오늘도 나는
에메랄드빛 하늘이 환히 내다뵈는
우체국 창문 앞에 와서 너에게 편지를 쓴다

행길을 향한 문으로 숱한 사람들이
제각기 한 가지씩 생각에 족한 얼굴로 와선
총총히 우표를 사고 전보지를 받고
먼 고향으로 또는 그리운 사람께로
슬프고 즐겁고 다정한 사연들을 보내나니

세상의 고달픈 바람결에 시달리고 나부끼어
더욱 더 의지 삼고 피어 흥클어진 인정의 꽃밭에서
너와 나의 애틋한 연분도
한 망울 연연한 진홍빛 양귀비인지도 모른다

사랑하는 것은
사랑을 받느니보다 행복하나니라
오늘도 나는 너에게 편지를 쓰나니

그리운 이여 그러면 안녕!
설령 이것이 이 세상 마지막 인사가 될지라도
사랑하였으므로 나는 진정 행복하였네라

누군가를 기다릴 수 있는 게 행복이란다

내 중고등학교 시절 책받침 시가 유행했다. 특히 여학생들은 예쁜 그림이 있는 종이에 시를 앉혀 코팅한 책받침 시를 너나없이 좋아했다. 워즈워스의 〈초원의 빛〉과 유치환의 〈행복〉이 적힌 책받침이 유독 인기가 많았다. 쉬는 시간 잠깐 잠을 청할 때 책상에 손바닥을 포개고 손등 위에 한쪽 뺨을 댄 채 책받침에 적힌 〈행복〉을 중얼거려보다 잠들기도 했다. 〈행복〉을 읽으면 행복해졌고, 편지가 쓰고 싶어졌다.

청마 유치환(1908~1967)은 실제로 편지의 고수였다. 유치환의 작고 후에 시조시인 이영도에 의해 세상에 발표된 유치환의 사랑편지 오천여 통 중 일부가 책으로 묶여 나오기도 했다.

어느 글에선가 유치환이 고백하기를, "나의 생애에 있어서 이 애정의 대상이 몇 번 바뀌었습니다. 이 같은 절도 없는 애정의 방황은 나의 커다란 허물이 아닐 수 없습니다"라고 스스로 반성하기도 하는데, 가장 널리 알려진 연모의 대상이 이영도이다. 시조시인 이호우의 동생이기도 한 이영도는 남편과 사별한 채 딸 하나를 기르는 아름다운 30대 초반이었다.

이영도는 당시 유부남이었던 유치환의 사랑을 받아 주지 않았다. 사랑의 마음은 굽이치고 그 마음이 받아들여지지는 못하니 유치환의 짝사랑은 시름이 깊고

깊었을 터. 그 시름이 얼마나 깊었으면, '파도야 어쩌란 말이냐/ 파도야 어쩌란 말이냐/ 임은 뭍같이 까딱 않는데/ 파도야 어쩌란 말이냐/ 날 어쩌란 말이냐'(《그리움》 전문)라는 시를 쓰고 또다시 같은 제목으로, '아무리 찾으려도 없는 얼굴이여/ 바람 센 오늘은 더욱 너 그리워/ 진종일 헛되이 나의 마음은/ 공중의 깃발처럼 울고만 있나니/ 오오 너는 어디에 꽃같이 숨었느뇨'(《그리움》 부분)라며 한탄했을까.

잘 알려진 〈바위〉, 〈생명의 서〉와 같이 '의지와 허무의 시인'으로 우뚝한 한 녘에 짝사랑의 아픔으로 몸부림치는 '사랑의 시인'이 있었으니, 사랑 없이는 허무의 초극도 기상 백배한 의지도 관념에 불과한 것일까. 이 시 〈행복〉 또한 이영도에 대한 마음을 표현한 시라고 전하는데, 후일 이영도는 유치환의 사랑의 마음을 받아들여 둘은 서로의 문학세계와 삶에 정신적인 의지처가 되었다고 한다.

지금도 활발한 시작詩作을 하고 있는 부산의 허만하 시인이 청마에게 물었다는 얘기를 기억한다. "선생님, 시인이 되지 않았다면 어떤 일을 하셨겠습니까?" 청마가 서슴없이 대답했다. "아마 천문학자가 되었을끼라." '에메랄드빛 하늘이 환히 내다뵈는 우체국'으로 별들이 쏟아진다. 별들에는 소인이 찍혀있다. 당신에게 배달되는 오늘의 별을 뜯어보시라. 누군가를 기다리는 사람은 누군가를 기다릴 수 있어서 행복하다. 사랑하는 것은 사랑을 받느니보다 행복하다.

김선우

시의 출처 및 발표 연도

〈서시〉, 1986년, 《남해금산》, 문학과지성사

〈사랑하는 까닭〉, 1926년, 《님의 침묵》

〈먼 후일〉, 1920년, 《진달래꽃》

〈청파동을 기억하는가〉, 1981년, 《이 시대의 사랑》, 문학과지성사

〈너를 기다리는 동안〉, 1985년, 《게 눈 속의 연꽃》, 문학과지성사

〈사랑은 야채 같은 것〉, 2003년, 《사랑은 야채 같은 것》, 민음사

〈연꽃 만나러 가는 바람같이〉, 1966년, 《미당 시전집》, 민음사

〈찔레꽃〉, 2006년, 단행본 미수록

〈그대 있음에〉, 1965년, 《김남조 시전집》, 국학자료원

〈즐거운 편지〉, 1958년, 《삼남에 내리는 눈》, 민음사

〈남편〉, 2004년, 《양귀비 꽃 머리에 꽂고》, 민음사

〈새벽밥〉, 2006년, 《냄비는 둥둥》, 창비

〈갈증이며 샘물인〉, 1999년, 《갈증이며 샘물인》, 문학과지성사

〈옥수수밭 옆에 당신을 묻고〉, 1986년, 《접시꽃 당신》, 실천문학사

〈저녁에〉, 1969년, 《겨울날》, 창비

〈가난한 사랑 노래〉, 1988년, 《가난한 사랑 노래》, 실천문학사

〈열애〉, 2007년, 《열애》, 민음사

〈서울역 그 식당〉, 1999년, 《모든 경계에는 꽃이 핀다》, 창비

〈사랑의 기교2〉, 1978년, 《사랑의 기교》, 민음사

〈그리운 부석사〉, 1997년, 《사랑하다가 죽어버려라》, 창비

〈한〉, 1962년, 《천년의 바람》, 민음사

〈민들레〉, 2004년, 《그 바람을 다 걸어야 한다》, 문학과지성사

〈질투는 나의 힘〉, 1988년, 《입 속의 검은잎》, 문학과지성사

〈원시〉, 1992년, 《오세영 시전집》, 랜덤하우스코리아

〈한 그리움이 다른 그리움에게〉, 1974년, 《한 그리움이 다른 그리움에게》, 창비

〈그대에게 가고 싶다〉, 1991년, 《그대에게 가고 싶다》, 푸른숲

〈세상의 등뼈〉, 2006년, 《와락》, 창비

〈파문〉, 2001년, 《황금나무 아래서》, 문학세계사

〈사랑 사랑 내 사랑〉, 1991년, 《1미터의 사랑》, 시와시학사

〈찔레〉, 2004년, 《사람들이 새가 되고 싶은 까닭을 안다》, 문학세계사

〈사랑의 역사〉, 2006년, 《바람의 사생활》, 창비

〈거미〉, 1954년, 《거대한뿌리》, 민음사

〈달이 떴다고 전화를 주시다니요〉, 2002년, 《참 좋은 당신》, 시와시학사

〈어느 사랑의 기록〉, 1996년, 《죽은 자를 위한 기도》, 문학과지성사

〈바람 부는 날〉, 1990년, 《바람 부는 날은 지하철을 타고》, 문학세계사

〈서귀포〉, 2005년, 《가도 가도 서쪽인 당신》, 세계사

〈마른 물고기처럼〉, 2004년, 《사라진 손바닥》, 문학과지성사

〈서울에 사는 평강공주〉, 1990년, 《서울에 사는 평강공주》, 문학과지성사

〈마치…처럼〉, 2007년, 단행본 미수록

〈나와 나타샤와 흰 당나귀〉, 1938년, 《사슴》

〈농담〉, 2004년, 《제국호텔》, 문학동네

〈사랑〉, 2002년, 《물속까지 잎사귀가 피어 있다》, 창비

〈고추씨 같은 귀울음소리 들리다〉, 2007년, 《가뜬한 잠》, 창비

〈백년〉, 2008년, 《그늘의 발달》, 문학과지성사

〈저녁의 연인들〉, 2006년, 《저녁의 연인들》, 랜덤하우스코리아

〈혼자 가는 먼 집〉, 1992년, 《혼자 가는 먼 집》, 문학과지성사

〈날랜 사랑〉, 1995년, 《날랜 사랑》, 창비

〈제부도〉, 2007년, 《누군가 나를 울고 있다면》, 화남출판사

〈낙화, 첫사랑〉, 2007년, 《내 몸속에 잠든 이 누구신가》, 문학과지성사

〈행복〉, 1953년, 《문예》